CONTRE-AMIRAL RÉVEILLÈRE

# AUTARCHIE

# POLITIQUE ÉCONOMIQUE

Honorer Dieu,
Aimer l'humanité,
Agir en brave.

(TRIADES.)

PARIS
LIBRAIRIE FISCHBACHER
Société anonyme
33, RUE DE SEINE, 33

1906

# POLITIQUE ÉCONOMIQUE

# OUVRAGES DU MÊME AUTEUR

CONTRE-AMIRAL RÉVEILLÈRE

# AUTARCHIE

# POLITIQUE ÉCONOMIQUE

Honorer Dieu,
Aimer l'humanité,
Agir en brave.

(TRIADES.)

PARIS
LIBRAIRIE FISCHBACHER
Société anonyme
33, RUE DE SEINE, 33

1906

La liberté est la cause de la plupart
des maux des hommes, mais c'est elle
qui fait l'homme.

# POLITIQUE ÉCONOMIQUE

Mademoiselle Dreyfus, à son retour d'Australie, a fait, à la Société d'Economie politique de Paris, une bien intéressante communication sur le pays, par excellence, de l'Etatisme socialiste.

A coup sûr, il n'est point banal, ce peuple australien qui vient d'accomplir ce tour de force de grouper, en une fédération unique, six colonies étendues sur d'immenses espaces et divisées naguère par les plus violentes jalousies.

La vie, dans ces contrées, dit Mademoiselle Dreyfus, est bonne, saine et à bon marché. Les ouvriers habitent de petits cottages qu'ils paient de 325 à 375 francs par an. Ces habitations, entre cour et jardin, sont munies d'une buanderie et d'une salle de bain. Le prix de la viande est de 0 fr. 30 à 0 fr. 40 la livre ; le thé et le café sont à bon marché. Le sucre est à 0 fr. 20 ou 0 fr. 25 ; aussi les confitures figurent-elles sur les tables les plus pauvres.

En Nouvelle-Zélande, les salaires varient de 5 fr. à 15 fr. par jour, et de 18 fr. 50 à 37 fr. 50 par semaine, à la campagne, où les ouvriers sont nourris.

Dans un restaurant ouvrier de Sydney, pour 0 fr. 60, on peut faire un bon repas de viande, légumes et un plat doux.

L'Australien est le plus grand consommateur de viande au monde ; tandis que la consommation moyenne du Français, par an, est de 77 livres anglaises, celle de l'Australien est de 264.

La journée de travail est de huit heures, la semaine se termine le samedi à midi, pour reprendre le lundi matin. Les employés de magasin bénéficient des mêmes avantages, mais comme, d'ordinaire, la population fait ses achats dans l'après-midi du samedi, les employés de magasin prennent leur demi-journée de repos le mercredi.

Le *Labour party*, toujours très puissant, n'est plus omnipotent. Il ne se préoccupe pas, comme le socialisme français, de refaire la société de fond en comble, il l'accepte telle quelle, à la condition de tirer toute la couverture à lui.

En Nouvelle-Zélande, l'arbitrage est obligatoire dans les grèves. Les ouvriers sont enthousiastes de la loi ; les employeurs s'en plaignent, mais s'y résignent, et le nombre des industries n'a pas cessé d'augmenter. Aux yeux de la grande majorité des

Néo-Zélandais, dit Mademoiselle Dreyfus, la loi a réussi.

Mais la Nouvelle-Zélande ne se trouve-t-elle pas dans des conditions toutes particulières ? Peut-on conclure de ce petit pays agricole, abondamment pourvu de richesses naturelles, à nos grandes vieilles sociétés industrielles ? C'est un pays neuf, isolé surtout, qui n'a pas à se préoccuper de puissantes concurrences.

N'y a-t-il pas des ombres à ce brillant tableau ?

Voici ce que dit M. Bellet :

Pendant quarante ans, on a vécu de la fièvre de l'or dans les pays australiens ; puis sont venus les krachs, tout étant fondé sur des spéculations folles. On s'en prit aux institutions. « Les Aus-« traliens sont un peuple de politiciens ; tous ceux « qui n'avaient rien à perdre ont uni leur igno-« rance, leur paresse et leurs déceptions, ils ont « afflué vers les villes et formé le parti du travail. » Hélas, il n'y a pas qu'en Nouvelle-Zélande où le parti du travail se recrute trop souvent parmi les gens qui ne travaillent pas.

L'une des principales préoccupations du *Labour party* a été de fermer les portes à l'immigration, sous le prétexte quelque peu erroné que moins les Australiens seront nombreux, plus la vie leur sera facile. Si, par « l'immigration restrictive Act, » les Australiens découragent l'immigration des Blancs, ils prohibent celle des gens de couleur, notamment des Jaunes. La devise « l'Australie aux Australiens », ainsi comprise, arrête le développement du pays, et « le Common Wealth » pourrait bien marcher au suicide.

M. Leroy-Beaulieu remarque l'énormité de la dette australienne : 7 milliards pour 4 millions d'habitants, ce qui correspondrait chez nous à une dette de 70 milliards. Et c'est un pays neuf qui n'a pas à supporter les charges d'un lourd passé de guerres. Là est le danger des démocraties ; c'est toujours par le gaspillage des deniers publics qu'elles menacent de crouler.

Ce qui tendrait à faire supposer que tout n'est pas pour le mieux dans le paradis socialiste, c'est qu'il n'attire pas les étrangers. Il est vrai que les Australiens font tout leur possible pour les écarter. Ils ont d'ailleurs complètement réussi ; car, en dix ans, de 1891 à 1901, l'excédent de l'immigration sur l'émigration n'a guère été que de 40,000 têtes. L'Australie manque de bras, et ce pays, où il y a tant de richesses naturelles, reste relativement stationnaire. Les départs de l'Australie vers le Canada et le Cap se multiplient. Dans les dix premiers mois de 1903, 16,000 personnes ont quitté la Nouvelle Galles. Le socialisme d'État, décidément, ne semble pas favorable à la prospérité d'un pays.

La Bourse de travail de Melbourne serait, d'après Mademoiselle Dreyfus, le plus remarquable monument du monde, s'il était achevé ; mais les syndicats ont trop présumé de leurs forces et n'ont pu le terminer. Après la grande grève de 1890, les syndicats sont tombés en décadence et ont diminué de moitié.

***

La République aurait dû être avant tout un gouvernement à bon marché ; l'étatisme, instrument de la gloutonnerie politicienne, en fait un gouvernement ruineux.

***

On se chamaille en se jetant à la tête le patriotisme et l'internationalisme ; dans cette question, comme en beaucoup d'autres, on s'entendrait assez vite, si l'on donnait aux mots leur sens précis. L'*inter*-nationalisme présuppose l'existence des nations — l'existence de~ nations est fondée sur le patriotisme — donc tout internationaliste vrai est avant tout patriote. Au XX<sup>e</sup> siècle, tout patriote intelligent est internationaliste.

Les internationalistes sont convaincus que les peuples ont intérêt à s'entendre au lieu de se battre ; mais ils sont convaincus aussi que les peuples ne doivent reculer devant aucun sacrifice pour le maintien de leur personnalité.

Quant aux *sans patrie*, il y a un vieux mot pour les désigner, c'est le mot *cosmopolite*.

Le cosmopolitisme sera peut-être une vertu dans trois mille ans ; aujourd'hui, il est un crime ; car la morale, en politique extérieure, varie avec les besoins sociaux.

**

Le temps de la domination de la Commune de Paris est bien passé ; c'est la première condition d'existence de la République. Ses prétentions ont été définitivement enterrées en 1871. Il n'y a plus désormais à s'émouvoir des incartades de la capitale, si volontiers disposée à faire des sottises ; il est bon toutefois d'y entretenir une force respectable, afin de faire comprendre à l'intelligente population de la Ville-Lumière que Paris est la Ville Nationale, que ses rues sont à tous les Français, et que la sécurité y est de droit pour toutes les bonnes gens de la Province.

Aujourd'hui, la représentation nationale ne tolérerait pas une minute, non pas la rivalité de la Commune, mais sa plus légère tentative d'ingérence dans la politique générale.

L'extraordinaire développement de la presse locale, qui donne les nouvelles, grâce au téléphone, avant l'arrivée des journaux de Paris, a été pour beaucoup dans l'émancipation de la province — ce développement est dû au téléphone, grâce auquel les nouvelles arrivent partout aux feuilles locales avant l'arrivée des journaux de Paris. L'aventure boulangiste a démontré que la France n'est plus à la remorque de Paris.

* *

La lenteur de l'accroissement de la population en France préoccupe beaucoup de gens. Cet état de choses a ses inconvénients au point de vue de la sécurité extérieure ; au point de vue de la sécurité intérieure, il a ses avantages. C'est un avantage, en somme, que la population n'augmente pas plus vite que la production.

La production peut augmenter : 1° par le développement des vieilles industries ; 2° par la création d'industries nouvelles.

Les vieilles industries prennent parfois un développement considérable, par des innovations de méthode ; mais elles ont à lutter entre elles sur un marché déjà établi.

La création d'industries nouvelles offre, au contraire, un incontestable débouché au travail.

Combien de gens vivent du chemin de fer, qui n'auraient pu exister il y a soixante ans !

Combien de gens vivent du télégraphe, des

tramways, de la bicyclette, de l'automobilisme !

Car toute la philanthropie du monde ne fera pas que la population ne se proportionne aux moyens d'existence.

C'est la science et l'invention qui permettent aux populations de s'accroître.

Admettons qu'une augmentation plus rapide de la population soit désirable ; ce n'est pas en distribuant des bureaux de tabac aux cantonniers ayant dix-sept enfants qu'on obtiendra ce résultat.

Le moyen le plus simple et le plus pratique d'augmenter le nombre des citoyens serait de libéraliser les lois de naturalisation.

Naturaliser des hommes faits est une grande économie, les frais d'élève de l'homme étant considérables. En naturalisant des étrangers adultes, on évite la perte sèche des enfants enlevés par la mort avant d'avoir produit.

Les lois actuelles sur la naturalisation en France ne répondent plus aux besoins des sociétés modernes.

Tous les peuples européens ne devraient-ils pas s'entendre pour que les citoyens puissent passer d'une nation à l'autre avec les plus grandes facilités de naturalisation ? Ne serait-ce pas là un ciment précieux pour la fédération européenne ?

Les États-Unis doivent en grande partie leur prodigieux développement aux facilités de naturalisation octroyées aux immigrants.

Quand un homme demande à se faire naturaliser dans un pays, c'est qu'il l'aime. Quand, après un séjour raisonnable, un homme demande à devenir citoyen d'un pays, c'est qu'il en a pesé les charges et les avantages, et son adoption présente toutes garanties.

Insistons sur ce point : il est avantageux pour un pays de s'incorporer des gens en pleine phase productive.

C'est une qualité de la France d'être un pays attirant ; il faut faire produire à cette qualité les avantages inhérents.

*
* *

La naturalisation est une bonne affaire.

Il est de l'intérêt de la France d'être hospitalière, c'est la meilleure solution du problème de la population.

*
* *

L'armement au long cours est maintenant hors de la portée des fortunes individuelles ; l'armateur a fait place à la Société d'armement.

C'est un des exemples frappants de cette colossale révolution qui passe inaperçue sous les yeux de beaucoup de gens : la substitution de l'entreprise collective à capital mobilisable, à l'entreprise individuelle à capital immobilisé.

La flotte du « trust de l'océan » possède plus d'un million de tonneaux de jauge. Ce trust, il est vrai, n'est point à imiter.

Sans avoir l'âge de Mathusalem, j'ai vu les flottes des Compagnies d'armement, composées de vapeurs de 7.000 à 8.000 tonnes, remplacer les bateaux à voiles de 300 à 400 tonnes (bien rarement de 1.000), propriétés d'un seul armateur — aujourd'hui la compagnie Cunard a mis en chantier deux navires de 40.000 tonnes.

Les flottes commerciales, les navires gigantesques ne sont possibles que par l'association des capitaux en petites coupures succédant aux *maisons* de l'ancien temps.

Jadis la Direction et le Capital étaient nécessairement dans la même main, ici la main de l'armateur. Avec les sociétés d'armement, la possession d'un capital n'est plus nécessaire pour parvenir aux fonctions les plus élevées. Tout officier de valeur, tout employé actif et intelligent actif et zélé peuvent prétendre aux plus hautes fonctions dans la hiérarchie du personnel dirigeant.

Ces faits se reproduisent d'ailleurs dans toutes les sociétés à capital mobilisable. La société anonyme établie sur le principe des petites coupures a totalement aboli la tyrannie du capital.

C'est la démocratisation de l'industrie.

C'est la substitution du régime républicain au régime monarchique dans l'ordre industriel et commercial.

C'est la révolution silencieuse qui transforme l'ordre social, sans s'inquiéter outre mesure du bruit assourdissant du tam-tam socialiste.

*
* *

Ceci est incontestablement une des plus remarquables vérités émises par Gœthe : « Je ne sache pas qu'il y ait d'esprit plus cultivé et plus large que celui du grand commerçant ».

*
* *

Dans son article « Réveil », M. Deloncle disait dans le « Matin » : « Il (le Français) comprendra, n'en doutez pas (je voudrais bien n'en pas douter) que l'heure est venue, s'il veut vivre et avoir sa bonne place au soleil, qu'il lui faut faire autre chose que gémir perpétuellement auprès du gouvernement de son pays dans la contemplation des progrès de l'étranger ».

Oui, c'est bien là, pour la France, une question de *to be or not to be* comme grande nation.

C'est la lutte du principe nouveau, de l'autar-



2

chie, forme nécessaire des modernes sociétés, industrielles, contre le vieil esprit étatiste des anciennes sociétés militaires.

***

Dès leur bas âge, on devrait seriner aux jeunes Français cette vérité du grand autarchiste Herbert Spencer, afin de modifier si possible, leur tempérament de mouton de Panurge :

« Reconnaître et fortifier les droits individuels, c'est en même temps reconnaître et fortifier les conditions d'une vie sociale normale ».

***

C'est l'amour de la caserne qui conduit l'Allemagne au socialisme ; car le collectivisme, c'est la caserne civile.

***

Affaiblir la responsabilité individuelle est, par excellence, le caractère des mauvais gouvernements.

***

Il n'est pas impossible que, sous un despotisme éclairé, les hommes mangent mieux et que la rente monte ; mais cette prospérité superficielle aboutit inévitablement à des catastrophes.

Le despotisme est une plante qui donne parfois des fleurs magnifiques, mais toujours des fruits empoisonnés.

*<br>* *

Le milieu est essentiellement conservateur ; ce n'est que par des personnalités que le monde progresse.

*<br>* *

Aux Etats désunis d'Europe, on se demande : qu'arrivera-t-il à la mort de François-Joseph ? Aux Etats-Unis d'Amérique, on se demande : qu'arrivera-t-il à la mort de Rockfeller ?

*<br>* *

« Les Berlinois ne sauraient vivre sans faire
« d'opposition... toutes les grandes villes en sont
« là, et quelques-unes sont encore pires que Berlin.
« Les gens des grandes villes sont moins prati-
« ques que les gens de la campagne, qui sont en

« contact plus intime avec la vie et se forment
« un jugement plus naturel et qui les rend aptes
« à saisir l'enseignement des faits et comprendre
« ce qui est possible. » (Bismarck).

Les campagnes représentent la stabilité, les grandes villes représentent trop souvent l'amour désordonné du progrès. Avec la domination des campagnes, la société se cristalliserait dans son moule antique ; avec la domination des grandes cités, la société trépasserait dans une effrénée danse de St-Guy.

Les campagnes ont pour elles le nombre, et c'est fort heureux, car les moyens d'action des villes sont énormes, en vertu de cette loi que Bastiat désignait sous le nom de *puissance de juxta-position.*

***

Où commence, où finit cette bourgeoisie signalée à l'animadversion publique par des bourgeois qui se font des rentes à ce métier ? Où commence, où finit le travailleur ? Qui ne travaille pas ? Le socialisme se prépare d'amères désillusions, car le plus souvent les gens qu'il rêve de dépouiller vivent de leur travail.

***

L'entrepôt et l'admission temporaire constituent des moyens barbares tout-à-fait insuffisants pour les besoins du commerce moderne.

Autrefois, dans les ports, tout commerce était d'exportation ou d'importation; c'était un lieu d'échange des produits nationaux contre des produits étrangers. Aujourd'hui, certains ports deviennent en partie (parfois presqu'entièrement) des lieux d'échange entre étrangers.

Il est de toute nécessité que nos principaux ports contiennent un lieu réservé, une sorte de terrain international, fiscalement séparé du reste du territoire, où les étrangers puissent échanger et manipuler leurs marchandises, sans que l'administration ait rien à y voir. Ce terrain, international au point de vue douanier, porte le nom de zone franche.

L'exemple suivant met en pleine lumière l'utilité de la zone franche.

Jadis les Bordelais coupaient, à Bordeaux-même, leurs vins avec des vins étrangers. C'était un art, un art qui avait fait le renom de nos vins exportés. Tout vin devait venir de Bordeaux. Sous prétexte de protéger la vigne nationale, des droits prohibitifs interdirent l'entrée des vins de l'extérieur. Du coup, les Bordelais, après avoir perdu une bonne partie de leur clientèle, prirent le parti de transporter leur industrie à Passages, à la grande satisfaction de l'Espagne. S'il y avait eu une zone franche à Bordeaux, on eût évité l'exil d'une de nos vieilles industries.

La Société des Industriels et des Commerçants de France approuve la création de zones franches, comme une des réformes les plus propres à développer les affaires du pays. Naturellement M. Méline est un adversaire de cette mesure libérale. Le gouvernement s'est nettement prononcé en faveur de cette institution ; celle-ci n'attend qu'un vote qu'elle attendra peut-être longtemps.

*
* *

Ce serait trop commode, si la machine sociale pouvait nous rendre heureux, sans effort de notre part ; c'est un beau rêve, mais qui n'est pas près de se réaliser.

*
* *

« Chacun en Allemagne, dit Bismarck, naît avec un uniforme » — et voilà pourquoi l'Allemagne est socialiste.

*
* *

Il faut bien reproduire, sans cela l'humanité s'éteindrait ; mais mieux vaut laisser, après soi, une découverte ou un bon exemple que quarante-deux enfants comme Norodom. Hélas ! ça ne se voit pas en France, soupire M. Piot.

*
* *

L'autarchie est la responsabilité dans la liberté ; le socialisme est l'irresponsabilité sous la tutelle.

*
* *

Le socialisme est la substitution de la bureaucratie anonyme à l'initiative individuelle et à l'association libre.

*
* *

Un budget ne passe pas impunément, en trente ans, de 2 milliards à 3.600 millions sans compter les charges communales et départementales.

M. Neymark constate que, depuis 1869, les contributions directes ont augmenté de 50,7 pour 100, et les contributions indirectes de 128,2 pour 100. Or ce sont les contributions indirectes qui, surtout pour les masses, font la vie chère. La vie chère est, sans aucun doute, la cause de cette stérilité volontaire à laquelle il faut attribuer la lenteur de l'accroissement de la population chez nous.

*
* *

Je trouve à chaque instant, dans la presse et les brochures politiques, l'expression « socialisme d'Etat », comme s'il y avait un autre socialisme que le socialisme d'Etat ; le soi-disant socialisme qui ne réclame rien de l'Etat est tout bonnement de l'autarchie.

*
* *

Jamais gouvernement ne s'est avisé de lutter contre l'industrie privée à armes égales, ce qui prouve l'incurable infériorité de l'Etat en matière d'industrie.

*
* *

A combien de milliards peut-on évaluer ce que Stephenson, Bessemer et Siemens ont fait gagner à l'humanité ?

Leur grosse fortune n'a été que le paiement *volontaire* des services qu'*on leur a demandés.*

Et, tant que les locomotives rouleront sur des rails, tant que l'on construira des ponts, des navires et des édifices en acier, ils continueront à rendre des services, mais gratuitement désormais.

« Le monde a surtout marché par une poignée de clairvoyants et de silencieux. »

(Edouard Salomon).

C'est une exagération sans doute. Mais assurément les silencieux, c'est-à-dire les savants et les inventeurs, ont plus avancé les affaires humaines que les brillants comédiens du théâtre politique.


On dit en Angleterre : « Excepté changer un homme en femme, tout est possible au Parlement ».

Herbert Spencer n'en a pas moins formulé la véritable pensée anglo-saxonne, quand il a dit : « La grande superstition du passé fut le droit divin des Rois, la grande superstition du présent est le droit divin du Parlement ».

Nulle part, en effet, autant que de l'autre côté de la Manche, on ne prend au sérieux la limitation du droit social par le droit individuel — l'Anglo-Saxon vit de cette idée que l'indépendance individuelle ne peut être sacrifiée que là où le sacrifice est indispensable à la conservation et à la sécurité de la société.

Le Parlement y est considéré, avant tout, comme

le garant et le protecteur de la liberté individuelle ; si, sortant de son rôle, il portait atteinte à cette liberté, l'opinion publique l'accuserait de trahir son mandat.

Pour Herbert Spencer, si profondément imbu de l'esprit anglo-saxon, l'idéal est la substitution du règne du contrat — forme caractéristique de l'autarchie — à la réglementation par voie d'autorité.

**

La concurrence a été justement nommée « la patronne des consommateurs » ; or le consommateur, c'est tout le monde.

**

Les lois de l'offre et de la demande — et c'est là une des principales causes de la mauvaise répartition des richesses — sont constamment faussées par les mesures protectionnistes et fiscales ; l'étatisme, sous mille formes diverses, les fausse de plus en plus, son objectif étant de transformer les questions économiques en questions politiques.

**

Le municipalisme, ou socialisme municipal, a fait en Angleterre des expériences qui ne lui ont pas été favorables.

Cela se conçoit : toute entreprise doit songer à l'amortissement de son capital, à l'entretien, à la réfection, au renouvellement du matériel. Des administrateurs éphémères songent, avant tout, à jeter de la poudre aux yeux de leurs électeurs, sauf à laisser à leurs successeurs les embarras de la liquidation.

Le « Times » citait ce fait que la comptabilité des tramways municipaux accusait un profit de 800.000 francs, tandis qu'ils se seraient trouvés en déficit de 75.000 francs, s'ils avaient fait à l'entretien du matériel et à l'amortissement la part convenable.

On connaît l'importance de la direction dans toute entreprise ; c'est le plus important de tous les facteurs du succès. Aussi, dans l'industrie privée apporte-t-on le soin le plus méticuleux dans le choix du directeur, à qui l'on ne demande que l'honorabilité et la capacité technique. Dans le municipalisme, on s'informera tout d'abord de ses opinions politiques et religieuses.

Ce que le municipalisme recherche dans toute affaire, ce sont d'abord des places pour les amis, sauf à inventer quelques sinécures, puis la popularité. Quelle que soit la valeur des techniciens, il seront impitoyablement écartés, s'ils n'ont pas la manière de penser du parti au pouvoir sur l'existence de Dieu et l'immortalité de l'âme, qui n'ont que des rapports bien lointains avec le gaz ou la voirie.

La popularité et la bonne gestion ne marchent pas toujours de compagnie ; mais la bourse du contribuable est là pour réparer les sottises.

L'entreprise municipale est accolée à un budget dont elle devient une dépendance ; elle passe forcément en arrière-plan dans la pensée des édiles, qui ont bien d'autres préoccupations.

Du fait de faire partie du budget, elle manque de l'élasticité nécessaire pour faire des achats avantageux, quand l'occasion s'en présente ; pour ses approvisionnements, elle ne tient aucun compte de la hausse ou de la baisse des matériaux nécessaires à l'alimentation de son industrie.

Les partisans du socialisme municipal disent : vous ne pouvez éviter le monopole ; vous avez à choisir entre le monopole de la commune ou le monopole d'une compagnie, mais c'est toujours le monopole. Oui, sans doute, c'est toujours le monopole ; mais celui de la compagnie est soumis à un contrôle et à la stricte exécution du cahier des charges ; le monopole de la commune n'a d'autre règle que la fantaisie électorale. La chose dont se préoccupe le moins le municipalisme est le prix de revient, parceque le contribuable est toujours là.

L'expérience du municipalisme en Angleterre a

montré une fois de plus le danger de mêler les affaires et la politique.

Il est certain que les progrès de cette science nouvelle, l'hygiène, entraînent une certaine ingérence de l'Etat et de la commune dans le home et la vie individuelle ; mais ici il s'agit de réglementation et non d'exploitation. Autre chose, par exemple, est la surveillance des cours intérieures et la fabrication du gaz ; autre chose est l'exécution des mesures votées par le Conseil d'Hygiène et l'exploitation des tramways.

Les services municipaux sont d'ailleurs appelés à se développer, à mesure que les populations deviennent plus exigeantes en matière de voierie, d'éclairage et d'hygiène.

On ne peut le nier, les besoins collectifs se développent autant que les besoins personnels ; ce n'est pas une raison pour entrer dans le régime des industries d'Etat.

*
* *

M. Hamel, président du groupe lyonnais de la « Fédération abolitionniste », a dit à l'assemblée générale :

« A la fin de 1904, j'ai eu à m'occuper de deux pauvres filles ; l'une avait été mise en carte à quatorze ans, l'autre à quinze ans et demi. N'est-ce pas scandaleux de voir une administration autoriser des enfants à se livrer à la prostitution ? »

Ces monstruosités ne se passeraient pas, si les femmes exerçaient le vote municipal. La surveillance de l'enfant et de la femme mineure est du ressort de la femme. Il est une foule de misères, concernant la femme et les enfants, qui seraient réprimées, si la femme tenait dans les municipalités la place à laquelle elle a droit.

* *
*

Les monuments publics caractérisent bien les époques qui les ont dressés : le monument de l'Empire est l'opéra; le monument de la République est l'école.

* *
*

Le socialisme, dit M. Yves Guyot, est le gouvernement de la police.

Il faudra, en effet, une police singulièrement active, le jour où l'Etat fixera à chacun sa tâche et sa ration.

* *
*

Voici le résultat de l'étatisme à outrance dans lequel nous nous sommes engagés : le Français tra-

vaille gratis de deux à trois mois par an pour le
compte du fisc. Et cette part de travail, réclamée
par l'Ogre-Etat, augmente régulièrement, d'année
en année. Du train dont marche notre folie étatiste,
nous sommes menacés de suer douze mois par an
pour le grand Manie-Tout : personne alors, il est
vrai, ne voudra plus rien faire.

**

L'activité d'un pays est en fonction directe de la
responsabilité des personnes, et en raison inverse
de l'ingérence de l'Etat dans le domaine économique.

**

Le France est le pays où la population croît le
plus lentement ; mais la décroissance de la natalité
est plus marquée en Angleterre et en Allemagne.
La diminution de la fécondité légitime n'est point
particulière à notre pays, elle est générale en
Europe.

La cause réelle de l'arrêt relatif dans le développement de notre population est la stérilité volontaire, et la stérilité volontaire a pour cause
principale *la cherté de la vie*. La vie à bon marché, là est le remède — malheureusement la vie

à bon marché est ce dont on se préoccupe le moins chez nous ; la préoccupation générale est d'accroître les impôts, chacun espérant en grapiller sa part. Notre altruisme se résume en un désir intense de vivre aux dépens d'autrui.

* *

Pour avoir le même revenu, il faut posséder un capital double de celui d'il y a trente ans. A mesure que les revenus baissent, les charges fiscales augmentent. La baisse du revenu des rentiers depuis 1870, a été de 25 pour 100 pour les favorisés, de 40 pour 100 en moyenne, fréquemment de 50 pour 100.

Il faut travailler plus longtemps pour acquérir la somme qui donnait le double de revenu.

Il existe un rapport étroit entre la production, la consommation et la population. Pour nourrir plus de gens, il faut produire davantage ; s'il est une vérité de la Palice, c'est bien celle-là.

Suivant M. Neymarck, si compétent en ces matières, les plus lourdes charges pour les familles ont leur origine dans les lois protectionnistes et prohibitives.

La population s'accroîtrait normalement s'il n'y avait pas de restriction à l'activité générale. L'équilibre s'établirait et se conserverait de lui-même entre la production et la population, Car, ainsi que Quesnay l'a dit avant Malthus, la population se proportionne aux moyens d'existence.

* *

Les réclamations multipliées contre le service des postes conduisent à des réflexions peu favorables au collectivisme étatiste.

Une industrie privée, dans une situation analogue, s'empresserait de remédier à ses défauts par les moyens les plus courts ; cela n'est pas possible à une entreprise d'Etat.

Que peut faire l'entreprise nationale ?

D'abord elle saisit le conseil des ministres par l'intermédiaire du sous-secrétaire d'Etat qui la dirige.

Après délibération, le conseil des ministres autorise le dit sous-secrétaire d'Etat à *préparer* un projet de loi.

Nous sommes en août, le sous-secrétaire pourra présenter son projet en octobre.

Enfin l'affaire est devant la Chambre. Quand aboutira-t-elle ?

Une industrie privée, dirigée de cette façon, sombrerait rondement dans la faillite.

Sans doute, la poste joue un rôle important dans la vie nationale, mais combien ce rôle, si important qu'il soit, est-il inférieur à celui des mille industries de la nourriture, du vêtement et de l'habitation ?

Quand nous serons en collectivisme, ce qui se passe dans l'entreprise des postes se passera dans toutes les entreprises, depuis celle de la boulangerie jusqu'à celle des théâtres, en passant par la presse, qui sera nécessairement une industrie d'Etat.

Combien aurons-nous de ministres et de sous-secrétaires d'Etat ?

En faudra-t-il, des lois !

Les députés ne chômeront pas ; en légiférant jour et nuit à jet continu, sans manger ni boire, pourront-ils régler tout le travail national passé entre les mains de l'Etat ?

Mais quels beaux jours pour la bureaucratie !

* *

Le rôle du gouvernement est, avant tout, d'assurer la sécurité extérieure et intérieure. Dans la société future, de plus en plus régie par le régime des contrats passés entre des sociétés librement formées, son rôle sera de garantir l'exécution de ces contrats — les contrats devenant de plus en plus le mode de réglementation des affaires humaines.

Le code dit : « Le contrat est la loi des parties. »

Le régime universalisé des contrats est le régime de l'ordre dans la liberté.

* *

La grande plaie française est le mélinisme ; la nation en est infectée jusqu'aux moëlles.

Vous le retrouvez partout. C'est l'esprit de toutes les classes, de tous les travaux, de toutes les industries ; le vigneron, le tailleur de pierres, le grand industriel ne pensent pas différemment. C'est toujours la guerre au progrès, le sacrifice du consommateur élevés à la hauteur d'un dogme.

M. Georges Moraël, dans la « Ligue maritime Française », en donne un exemple bien typique.

Depuis 1877, les Anglais ont des chalutiers à vapeur ; nous n'en avons pas encore, pour ainsi dire. Cependant quelques armateurs ont tenté d'entrer dans cette voie. C'est toujours un duel dangereux de s'attaquer à la sainte routine.

Un progrès ! Une brèche dans les vieux procédés ! Un *tolle* général s'élève depuis les pêcheurs jusqu'au Corps législatif. Les pêcheurs, fidèles héritiers des briseurs de machines, commencent par faire un mauvais parti aux nouveaux engins. Les chalutiers de Port-de-Bouc veulent interdire aux chalutiers à vapeur de donner plus d'un coup de filet après le coucher du soleil et d'employer d'autres filets que ceux en usage dans le quartier maritime — c'est à peu-près comme si les maîtres de poste avaient prétendu interdire aux chemins de fer de rouler la nuit et leur avaient prescrit d'atteler des chevaux aux locomotives.

Et nos législateurs (de tous partis, toujours unanimes quand il s'agit de dauber le consommateur) s'empressent de grever les chalutiers à vapeur d'un impôt de 10 fr. par tonne.

Les journaux socialistes disent qu'il faut protéger les petits pêcheurs contre *les capitalistes* — le capitaliste est la bête noire, parce qu'il est l'homme du progrès.

Serrés comme dans un étau entre le socialisme et le mélinisme, ces deux frères ennemis, fils de l'étatisme, on se demande comment la France respire encore.

* *
*

En étendant la main sur tout, en se mêlant de tout, l'Etat étouffe l'activité de tous.

*
* *

La liberté est le fondement et la caractéristique d'une organisation vraiment humaine ; hors de là il n'y a que des troupeaux.

*
* *

Le découragement de la solidarité libre par la solidarité officielle est un mal facile à prévoir.

**

Ce qui fait du gouvernement un détestable industriel, c'est qu'il n'a pas à se préoccuper des frais de production.

Le trust et le prodigieux développement industriel des Etats-Unis sont contemporains, mais il serait bien téméraire de voir dans le trust l'agent de cet extraordinaire progrès. Les ressources de ce grand pays sont tellement énormes, et le génie américain si entreprenant, que la conjonction de ces deux éléments matériels et moraux devaient infailliblement enfanter des merveilles.

Les trusts sont forcément surcapitalisés. Il s'agit en effet d'opérer la concentration d'usines en pleine activité. Un *promoteur* est chargé de cette opération délicate, il doit décider des chefs d'établissements prospères à les céder afin de les fusionner. Ces chefs n'y consentent naturellement qu'à la condition de faire une excellente affaire.

De plus, pour se fonder, le trust a besoin du concours de syndicats financiers, de publicistes, d'hommes politiques, tous concours fort onéreux.

Il peut donc arriver (et il arrive) que les avantages de la concentration soient largement compensés par les inconvénients de la surcapitalisation.

La poursuite du monopole qui rendrait le trust maître du marché a été généralement vaine. Rarement les trusts arrivent à contrôler plus de la moitié des usines dont ils espèrent accaparer le marché. La *Steel Corporation* n'a pu en englober plus de 60 p. 100. Dans ces conditions, la concurrence est toujours à craindre, si le trust veut exagérer ses prix — d'autant plus qu'il est toujours menacé par l'apparition de procédés perfectionnés. Dans une adjudication de rails pour le Brésil, la *Steel Corporation* a été honteusement battue par une usine de Belgique.

Il arrive forcément une heure — et cette heure semble venue pour le trust de l'acier — où l'exagération dans la concentration des entreprises dépasse les forces humaines. Alors la routine et le coulage l'emportent de plus en plus sur l'économie réalisable dans les frais généraux.

Un jury, dont Jules Simon et Paul Lafargue faisaient partie, répondant à un désir du *Figaro*, donna du socialisme la définition suivante :

« Le socialisme est un ensemble d'aspirations et de théories qui tendent à établir, par les moyens de contrainte légale, la plus grande égalité possible de richesse et de misère ».

Au fond, cela revient au programme du fameux

député de la Guadeloupe, Légitimus : « L'égalté dans la mizè ».

La *contrainte* est bien, en effet, le moteur du socialisme collectiviste (le seul vrai) — il faudrait singulièrement jouer de la contrainte pour empêcher l'homme de poursuivre la propriété individuelle.

*<br>* *

« Aucune institution humaine, dit M. Mabilleau dans le « Matin », ne se prête aussi bien que la Mutualité à l'espoir des extensions indéfinies ».

Les décisions du Congrès de la Mutualité, réuni à Liège, sous la présidence de l'éminent promoteur de la Mutualité Française, confirment cette opinion, et marquent une mémorable étape de cette révolution silencieuse à laquelle nous travaillons tous consciemment ou inconsciemment, et dont le but ultime est l'universelle fraternité.

Le Congrès a conclu à la formation de l'Alliance Mutualiste Internationale.

A M. Louis Keller revient l'honneur d'avoir proposé à la Mutualité Française d'engager des négociations avec les pays voisins, pour les amener à fonder des fédérations nationales qui s'entendraient avec la nôtre. L'Italie, la Belgique, l'Autriche, le Danemark firent des réponses favorables.

Sur ces entrefaites survint le Congrès de Liège

On y vota d'abord la création d'un bureau de statistique, de documentation et d'information, permettant d'unifier les méthodes dans les Mutualités de tous pays.

Le groupe français fit immédiatement adopter Bruxelles pour siège de ce bureau et proposa de voter la fondation de l'Alliance Mutualiste Universelle. Il conjura l'assemblée de confier au bureau qu'elle venait d'élire, le mandat positif de travailler à l'ébauche d'un projet qui peut être présenté l'an prochain au Congrès de Milan.

L'assemblée frémissante de la plus noble émotion, dit M. Mabilleau, acclama la proposition.

M. Mabilleau a donc parfaitement le droit de dire : « Nous avons ouvert les portes de la réalité au rêve humanitaire qui hante toujours l'esprit des Mutualistes ».

Comme l'a fort justement dit le grand apôtre de la Mutualité Française :

« La Mutualité a pour bases deux choses qui sont de tous les temps et de tous les pays : l'effort individuel et l'association, » telle est bien la pierre fondamentale de la société future, basée sur l'autarchie.

*
* *

C'est tout-à-fait instructif de causer avec un socialiste logique et sincère.

— Votre idéal est bien de remettre entre les mains de l'Etat toutes les industries ?

— Toutes.

— Même la presse ?

Après un moment d'hésitation :

— Même la presse.

— En effet, c'est de toute nécessité. Pour fonder un journal, il faut, avant tout, des capitalistes, gros ou petits, qui veuillent bien hasarder leurs capitaux dans l'affaire — pas de capitalistes, pas de journal.

— L'Etat publiera les journaux.

— Gratuits ?

— Gratuits.

— Rédigés par des journalistes fonctionnaires ?

— Parfaitement.

— Qui les nommera ?

— Le gouvernement les nommera au concours. On ne lira plus de ces feuilles ineptes où le français est aussi martyrisé que le bon sens. Notre presse élèvera les âmes.

— Eh, eh ! vous parlez comme l'Eglise. Et pour les livres ? il n'y aura plus que des imprimeries nationales ; car s'il y avait des imprimeries libres, elles seraient la propriété de ces abominables capitalistes.

— Certainement les imprimeries seront des propriétés nationales.

— Qui donnera-l'*imprimatur* ?

— Le gouvernement.

— Les auteurs seront sans doute aussi des fonctionnaires ?

— Il n'en peut-être autrement.

— Et que faites-vous du droit de penser et de communiquer sa pensée ?

— La liberté de la presse et de la librairie est bonne pour propager la doctrine de la vérité communiste et pour préparer son règne, mais quand le règne de la vérité sera établi, la liberté deviendra inutile.

— C'est bizarre, vous parlez exactement comme un Révérend Père, mon cher ami.

**

L'expérience a définitivement démontré l'assertion de Bastiat : normalement, les rentes baissent ; normalement les salaires montent.

**

La question du monopole des agents de change ayant été posée devant la société d'économie politique de Paris, M. Boverat rappela que la loi mettait jadis sur le même pied les agents de change et les courtiers du commerce, assimilant tout-à-fait ces deux classes d'intermédiaires. A ce sujet, il cite l'exposé des motifs de la loi du 18 juillet 1866, supprimant le courtage officiel :

« Le commerce vit de liberté ; or le projet rend la sienne plus grande dans le choix des intermédiaires. Il vit enfin de la force que développe en lui le sentiment de la responsabilité personnelle. Or la suppression des courtiers officiels et réglementés, en l'obligeant à prendre la responsabilité tout entière du choix des intermédiaires, le fera avancer d'un pas plus ferme dans la voie du progrès ».

Ce sont là paroles bonnes à rappeler par ce temps de mélinisme.

Soit dit en passant, le marché financier de New-York, qui vaut le nôtre, est absolument libre et n'en marche pas plus mal pour cela — au contraire.

L'avènement de la grande industrie entraîne évidemment le collectivisme, mais il y a collectivisme et collectivisme, comme il y a fagot et fagot. Il y a le collectivisme étatiste et le collectivisme autarchiste préconisé en ces termes par M. de Molinari : « Nous pourrions montrer, dans toutes les branches de l'industrie humaine, les entreprises devenues collectives et constituées avec un capital mobilisable, s'établissant dans les proportions les plus utiles, adoptant le matériel le plus perfectionné ».

*
* *

Pendant que le socialisme réclame la mise des chemins de fer entre les mains de l'Etat, nous demandons à confier les postes, télégraphes et téléphones à l'industrie privée.

*
* *

La spéculation, comme toute chose en ce bas monde, a son bon et son mauvais côté. Elle approvisionne le marché, fixe les prix ; elle économise, elle accumule, dans le temps des vaches grasses, pour fournir aux besoins dans le temps des vaches maigres.

Malgré le mauvais usage qu'en ont pu faire les Jaluzot et les Cronier, la libre spéculation est un des plus indispensables outils de la société moderne.

Les réglementaristes, après avoir époussté le

vieil épouvantail à moineaux de l'accaparement, tenteront probablement encore d'en effrayer l'ignorance publique.

Les tentatives d'accaparement n'ont chance d'aboutir que par l'étroitesse du marché. Il n'y a plus d'accaparement possible de quelque durée sur le marché du monde.

Il importe d'ailleurs de se faire à cette idée : la liberté est la cause de la plupart des maux des hommes, mais c'est elle qui fait l'homme.

On a vainement cherché une balance exacte pour peser les avantages et les inconvénients de l'autarchie ; de là des divergences d'appréciation selon les temps et selon les lieux — à l'heure actuelle elle est en baisse ; la mode est à la tutelle, au réglementarisme à outrance, à tout l'outillage vieillot du mélinisme.

Nous nous entêtons à la poursuite de cette chimère : une liberté sans abus. Aussi, avant d'élever la liberté sur un autel, avons-nous soin de la ligoter sérieusement. Nous adorons la liberté enchaînée. Tout cela vient de ce que nous entendons par liberté le pouvoir d'entraver la liberté des autres.

La vérité est que la France façonnée à la tutelle monarchique a peur de l'autarchie.

Une hache dans les mains d'un honnête bûcheron est un instrument utile ; elle est un instrument de mort dans les mains d'un bûcheron assassin.

Parce qu'il s'est trouvé un bûcheron assassin, va-t-on supprimer les bûcherons et les haches ?

*
* *

Quand monsieur Loubet annonça son intention de ne pas poser sa candidature à la Présidence, il dit qu'il regrettait les inamovibles — il a bien raison.

Un gouvernement bien constitué doit reposer à la fois sur ces deux principes : le nombre, la sélection. Si le nombre doit avoir assurément sa part de représentation dans l'Etat, la valeur intellectuelle et morale doit assurément aussi entrer en ligne de compte. Si la Chambre des députés a charge de représenter le nombre, le Sénat ou Chambre Haute devra être un produit de la sélection.

Chez les nations soumises au régime aristocratique, une classe désignée par la naissance reçoit, dès l'enfance, une culture spéciale la préparant à l'exercice du gouvernement. L'Angleterre nous donne le plus remarquable exemple d'une nation où l'aristocratie joue un rôle considérable dans la direction des affaires publiques. Le lord anglais, en général, est un des beaux spécimens de notre espèce. Cette aristocratie s'inspira toujours des grands intérêts du pays et n'hésita jamais à marcher avec la majorité nationale. Bien des têtes aristocratiques sont tombées, en s'appuyant sur les masses, pour mettre un frein au despotisme des rois — de là son prestige, conservé par une haute culture.

Chez nous, la sélection ne peut s'opérer que par voie d'élections successives. La supériorité du Sénat tient certainement à ce fait qu'il est élu par des corps déjà sélectionnés par l'élection.

Le Sénat, d'abord impopulaire, a conquis l'autorité par la respectabilité de sa tenue et sa haute sagesse. C'est bien l'assemblée la plus remarquable de notre planète; de là, la tendance des hommes d'une valeur incontestée, mûris par l'expérience et les affaires, à rechercher le Sénat.

On citerait aisément des hommes supérieurs qui ne trouveraient pas un collège électoral pour les élire et qui seraient choisis, comme inamovibles, par le Sénat lui-même. Etre élu par le Sénat serait la plus haute récompense de grands services, jamais pareil choix n'irait à des médiocrités.

Il n'est pire démagogie que la haine des supériorités, et c'est bien à ce mauvais sentiment qu'est due la suppression des inamovibles. Il est vrai que le Sénat, à son origine, déplorablement réactionnaire, débuta par nommer comme inamovible M. Buffet, l'homme le plus impopulaire de France — faute qu'il a longtemps expiée.

Ce que les gens de mauvaise foi appellent suf-

frage restreint est le suffrage universel sélection-
nant. Le Président de la République, en dépit des
plébiscitaires, est bien l'élu du suffrage universel
procédant par une sélection très heureuse qui offre
toutes les garanties humainement possibles.

Monsieur Gide considère l'Etat démocratique-
ment organisé comme une association libre, aussi
bien qu'une Compagnie financière ou de chemin
de fer.

Rien de plus inexact que cette dangereuse
assimilation.

1° Tout d'abord, j'entre volontairement dans
une entreprise industrielle ou financière ; je ne
choisis pas ma patrie.

2° Les sociétés, financières ou industrielles, ont
un but très nettement déterminé : le transport
des valeurs dans l'espace ou dans le temps, le
transport des voyageurs et des marchandises. Je
n'engage nullement ma personne en ces affaires ;
quand j'ai soldé mes obligations ou mes actions,
c'est fini. Je détache mes coupons sans avoir rien
à débrouiller avec qui que ce soit. Je ne suis pas
un *associé* de l'Etat, je suis un *sujet* de l'Etat
qui dispose souverainement de mon bien et de ma
peau. Je suis dans l'Etat, je vis dans l'Etat — au

contraire ma vie est extérieure à la compagnie à laquelle je confie mes fonds, et elle en est indépendante.

Le grand souci de nos pères de 89 fut de libérer le citoyen de la sujétion de l'Etat. Les nécessités de la guerre firent malheureusement échouer cette noble entreprise et entraînèrent à la dictature de la Convention d'abord, puis de l'Empire. Mais c'est bien dans le but d'arriver à cette libération qu'ils proclamèrent les Droits de l'homme. Nos pères firent précéder la constitution de la déclaration des Droits, dans le but d'affirmer l'existence de droits antérieurs et supérieurs à toute constitution — la constitution ayant pour but la garantie des Droits et n'ayant aucune autre raison d'être.

*\
* *

En France, le fonctionnaire a remplacé le noble du vieux temps — le non fonctionnaire est le vilain du passé, taillable et corvéable à merci et miséricorde.

Aussi le Français s'agenouille, pleure et mendie pour obtenir une place ; mais aussitôt qu'il la tient, il braille qu'il n'est pas rémunéré selon ses mérites.

En principe, l'Etat est le serviteur de la nation (ainsi du moins pensait-on en 89) ; en réalité, le

peuple sujet n'existe que pour l'entretien du temple
du grand Manie-Tout.

*
* *

J'admire la confiance ingénue de nombreux socialistes français plongés dans une béate contemplation de l'Allemagne, parce qu'ils voient en elle
le peuple Messie, destiné à convertir le monde à
l'évangile de Karl Marx et du caporalisme prussien.

*
* *

L'invention du billet de banque, de l'action et
de l'obligation, dit M. de Molinari, n'a pas moins
d'importance que celle des chemins de fer et du
télégraphe.

Si la monnaie métallique est, suivant Adam
Smith, la voiture du transport des valeurs, le
billet de banque en est le chemin de fer.

Commercialement, toutes ces inventions se commandent et se complètent, on ne comprend plus
les uns sans les autres.

On peut affirmer, d'autre part, que la création
des titres mobilisables est peut-être le fait le plus
important de notre époque, car c'est la révolution
dans la forme de la propriété.

Je sors du cirque où j'ai vu des numéros très distingués, entre autres un monsieur qui se dévisse la tête.

J'ai beaucoup fréquenté les primitifs (voire des anthropophages, gens très bien, par ailleurs, et dont je n'ai eu qu'à me louer), polynésiens, indiens, africains ; j'ai pu constater l'étonnante uniformité religieuse et sociale de toutes ces tribus d'apparence variée au premier coup d'œil. De plus, dans chacune de ces agglomérations (qui ne méritent guère le nom de sociétés), chaque individu fait exactement la même chose que tout autre individu. En sortant du cirque, j'ai involontairement comparé la prodigieuse variété moderne à cette uniformité primitive.

Vous rencontrez deux hommes revêtus d'un complet identique, vous n'en avez pas moins sous les yeux deux numéros très distingués : l'un est un désossé, l'autre un mathématicien transcendant de l'Institut.

A l'antique uniformité, la civilisation substitue une variété aussi grande que celle de la nature, du tigre à l'escargot.

Toujours et partout, en France, on retrouve le virus méliniste qui fait prendre le moyen pour la fin, l'outil pour le produit, le fonctionnaire pour le but de la fonction, l'intérêt particulier pour l'intérêt général.

Dans une des « Questions navales » on se pose cette question : « faut-il supprimer, à bord des grands cuirassés, les tubes lance-torpilles ? » l'auteur estime que cet engin offre peu de chance d'emploi à bord de ces navires (la guerre russo-japonaise l'a amplement prouvé), et présente plus d'inconvénients que d'avantages ; mais il conclut à les conserver, parce que cette suppression nuirait au personnel torpilleur.

Partout la corporation l'emporte sur le public, qui n'en prend nul souci, parce que ce qui intéresse tout le monde n'intéresse personne.

*
* *

Toute grande révolution avorte, si elle n'est pas accompagnée d'une réforme religieuse. — La Russie ne sortira de l'autocratie qu'en sortant de l'orthodoxie.

*
* *

Le socialisme est une religion ; c'est là sa force. Je connais beaucoup de braves gens, suivant la consigne avec l'ingénuité des moutons de Panurge, pour qui Jaurès est un Dieu vivant, comme le mikado.

Pour eux, l'Allemagne est le peuple Christ destiné à faire régner sur la terre les révélations du prophète Karl Marx.

*
* *

Nous autres, autarchistes, nous poursuivons le bon marché, qui est le bien être dans la liberté.

*
* *

Les socialistes veulent la suppression de la propriété individuelle, sans s'apercevoir que la propriété se métamorphose.

La propriété mobilière (qui est une propriété collective) tend de plus en plus à supplanter la propriété immobilière (d'ordinaire personnelle) et finira par l'absorber.

La propriété mobilière, c'est le collectivisme dans la liberté.

*
* *

A. Smith définit la monnaie, une voiture de transport des valeurs dans l'espace et dans le temps.

La monnaie d'argent remplit aujourd'hui très mal cet office, c'est le coche du bon vieux temps.

L'argent a perdu de sa valeur par la découverte de mines particulièrement abondantes ; il subit la concurrence d'agents très supérieurs de la circulation des valeurs.

Nous avons remarqué, dans nos voyages, que la civilisation des peuples est en raison inverse du poids de leurs monnaies. L'argent ne répond plus à nos besoins, parce qu'il est lourd et encombrant. C'est la monnaie des peuples attardés, aussi a-t-elle toutes les tendresses de M. Méline.

*
* *

Le rôle de la monnaie fiduciaire grandit tous les jours. La monnaie réelle, toujours impérieusement nécessaire, devient de plus en plus accessoire, avec les progrès des moyens de transport des valeurs, dont la banque est le principal instrument.

*
* *

Il ne faut pas demander aux Algériens de sacrifier leurs intérêts à ceux des grévistes de Marseille, qui leur ont fait perdre des chargements entiers de fruits. Aussi voient-ils d'un fort bon œil la création d'une ligne allemande d'Alger à Barcelone qui les met à l'abri des pertes ruineuses qu'ils ont subi.

Le droit de grève est un droit sacré, nul ne le conteste ; mais aucun instrument ne demande à être manié avec plus de prudence et de discrétion.

Trop souvent les grévistes, contre leur intérêt, travaillent pour l'étranger.

*<br>* *

Dans « Questions Navales », le commandant Vignot adresse une lettre ouverte au ministre du Commerce, pour l'engager à provoquer l'annexion de la marine marchande au ministère du Commerce. Nous l'avons demandée depuis plusieurs années, à la suite d'ailleurs de M. Marc Maurel, l'éminent armateur de Bordeaux.

Le commandant Vignot a cent fois raison.

Nous ne sommes plus au temps de Colbert, bien que, pour notre malheur, ses idées règnent plus qu'à son époque. Il ne s'agit plus, aujourd'hui, d'avoir une marine de commerce, pour alimenter la marine de guerre du grand Roi. Il s'agit d'avoir une marine marchande qui vive par et pour le commerce. Dans le ménage mal assorti de la rue Royale, les deux marines se gênent réciproquement. Il est étrange qu'on s'acharne à conserver les institutions de Colbert, créées du temps de la marine à voiles et pour la marine à voiles, et quand marine marchande et marine de guerre ne ressemblent plus en rien à ce qu'elles étaient du temps de Colbert.

Du temps de Colbert, il n'y avait ni cuirassés ni paquebots géants.

Il en est de certaines institutions comme des navires ; il arrive un moment où elles ne sont plus réparables. On a beau ressemeler les institutions de Colbert, elles sont dans ce cas, et n'ont plus d'utilité que pour les bureaux de la rue Royale. Mais les bureaux de la rue Royale passent avant l'intérêt général ; on y clamerait ce cri d'alarme : « Vous allez diminuer l'importance du ministre de la marine ! » C'est très grave de diminuer cette importance, et, pour la conserver intacte, on peut bien sacrifier les intérêts de la marine marchande et du commerce. Plus un préjugé est faux, plus il est vivace, parce que, pour l'extraire, il faut froisser des intérêts particuliers qui se défendent comme des tigres, tandis qu'en France personne ne se soucie de l'intérêt général.

Déplacer des bureaux ! diminuer l'importance du ministre de la marine ! ce qui, dans l'espèce, est le décharger de travaux qui ne le concernent pas ; plutôt adjoindre au ministère de la marine de guerre, la surveillance de la culture des navets !

C'est une des réformes les plus urgentes de faire, du soi-disant ministère de la marine, le *ministère de la marine de guerre.*

La marine de guerre a bien assez des responsabilités qui lui incombent, sans s'alourdir de celles qui lui sont étrangères.

Il n'y a rien de plus pressé que de démolir les institutions de Colbert, aussi adaptées aux besoins de notre temps que les fortifications de Vauban, si merveilleuses pour leur époque.

L'inscription maritime est une institution usée. Nous réclamons :

Liberté, pour tous, de la pêche maritime, dont la police ressortirait naturellement du ministère de l'intérieur.

Annexion de la marine de commerce au ministère du Commerce, pour le plus grand bien du commerce, de la marine marchande et de la marine de guerre.

*
* *

L'or et l'argent sont des marchandises, par conséquent la monnaie est une marchandise (la baisse de la monnaie d'argent le prouve assez). La signature du souverain sur la monnaie constate le poids et la sincérité de la matière ; elle n'a aucune influence sur la valeur, et la preuve en est que notre pièce de 5 francs ne peut passer en Angleterre, par exemple, sans perdre plus de la moitié, par rapport à l'or, seul étalon, en dépit de la loi.

En constatant le poids et en garantissant la sincérité de la matière, l'Etat fait de la monnaie une marchandise échangeable contre tout produit ou service. Cette faculté d'être universellement échangeable fait de la monnaie le véhicule des valeurs dans l'espace et dans le temps.

*\
* *

A quoi bon travailler nos champs, disent les Malgaches, puisque tout ce que nous gagnons va dans les caisses du gouvernement ?

Consolez-vous, Malgaches, il en sera bientôt de même en France.

Le régime infligé aux malheureux Malgaches n'est au fond que ce régime étatiste qui conquiert tous les jours, chez nous, de nouveaux adhérents. Comme à Madagascar, l'avenir montrera aux plus aveugles (aveugles trop souvent volontaires, mais non désintéressés) que le pharaonisme (idéal des avancés), l'adoration du grand Manie-Tout, conduisent à la pauvreté les peuples arriérés qui méconnaissent la puissance de l'autarchie.

*\
* *

Il suffirait, dit le rapporteur général du budget, que l'on fermât demain les manufactures d'allumettes et alimentât la consommation par des marchés à l'étranger, pour retirer un bénéfice infiniment supérieur à celui du monopole. Le produit actuel est de 24 millions, il serait de 34.

L'industrie d'Etat des allumettes reçoit donc, en réalité, une subvention de dix millions, payée par ces bonnes bêtes de contribuables.

Les visionnaires qui veulent remettre toutes les industries entre les mains de l'Etat ne seraient pas longs à faire tomber la France au dernier rang des nations industrielles ; il est vrai qu'ils ne s'en inquiètent guère, n'ayant en vue que de berner la simplicité de leurs électeurs.

* *

La persécution des juifs est une des causes de la démoralisation russe, parce qu'elle entretient l'amour du sang dans les masses et, dans l'autorité, l'amour des pots-de-vin.

* *

Il est hors de doute, disait le « Petit Parisien, » que les Japonais cherchent des partisans en Indo-Chine, où *les indigènes suivent les opérations de guerre avec un singulier intérêt.*

Nous avons tout fait pour donner un corps aux

ambitions japonaises, en nous faisant détester des indigènes.

Jamais, il faut nous le bien mettre dans la tête, nous ne conserverons cette Indo-Chine si en l'air, si, à nos propres moyens d'action et à nos ressources, nous ne pouvons joindre le concours des habitants. Ce concours, nous ne l'obtiendrons (ce qui n'est pas certain, je l'avoue, car une oppression aussi dure ne s'oublie pas aisément) qu'en conférant aux indigènes l'autonomie. Après la concession de l'autonomie, peut-être les indigènes réclameront-ils l'indépendance. En ce cas, le plus simple serait de la leur accorder, en sauvegardant les intérêts de nos colons et en passant d'avantageux traités de commerce. Rien ne dit que notre situation commerciale en pâtirait.

Ces populations respectables, braves quand il le faut, ne sont point belliqueuses. Elles préféreraient sûrement à la lutte un arrangement raisonnable et loyal.

J'ai entendu dire à un colon, agriculteur en Annam, qu'il avait toujours eu les meilleurs rapports avec les mandarins annamites, et qu'il n'en dirait pas autant de nos fonctionnaires.

Quant à soutenir une guerre contre le Japon, appuyé au moins par la malveillance de l'Indo-Chine, et la sourde hostilité de la Chine, c'est une entreprise autrement lourde que celle qu'assuma la Russie.

Si quelque comptable habile et loyal établissait le bilan de l'Indo-Chine, depuis la conquête, il se trouverait en face d'un effroyable déficit — et tout cela ne serait rien auprès des débours nécessaires pour le maintien de notre domination, dans le cas où les indigènes voudraient s'en libérer avec l'aide du Japon.

La seule chance de faire accepter notre tutelle est de la rendre bienfaisante, *en faisant la juste part du gouvernement de l'indigène par l'indigène.*

J'estime que les indigènes de l'Indo-Chine sont mûrs pour l'autarchie, et qu'il est temps de la leur concéder. Le colonisme espagnol et méliniste a fait son temps ; il est temps que l'Indo-Chine *associée* succède à l'Indo-Chine *sujette.*

Grâce à l'entente cordiale anglo-franco-italienne l'épineuse question des chemins de fer éthiopiens a été réglée à la plus grande satisfaction de tous. Ce n'est pas un des minces bienfaits de cette union si naturelle et qui promet d'être si féconde.

La bombe de la rue de Rohan aura plus fait pour le rapprochement de la France et de l'Espagne que bien des finasseries de diplomates.

*
*  *

Le message de l'amiral Togo à l'empereur exprimant les sentiments des marins japonais, porte que la victoire est due à la puissance surhumaine du Mikado. Les marins japonais déclarent, en effet, que des forces simplement humaines n'auraient pu atteindre ce résultat.

Je doute que cette idolâtrie du souverain soit un progrès mental, et je redoute les conséquences d'un fanatisme aussi arriéré.

La première condition d'existence de toute société civilisée est la séparation du spirituel et du temporel, et vous pouvez juger du degré d'avancement d'une nation, par la rigueur avec laquelle elle applique ce grand principe. Mentalement, l'amiral Togo et son escadre en sont au temps du Pharaon d'Egypte, ce qui ne les empêche pas d'ailleurs d'être de merveilleux canonniers.

*
*  *

Je m'attriste en songeant à la vérité de ce mot d'un journal anglais : « La France est, partout, dans le monde, à la merci de la bienveillance d'autrui. » C'est le fruit le plus certain de notre mégalomanie, nous avons trop singé la grenouille qui s'enfle pour lutter de grosseur avec le bœuf.

C'est le résultat de cette dangereuse politique coloniale qui multiplie à l'infini nos points vulnérables
au dehors, quand nous n'avons pas la sécurité chez
nous — qui nous pousse à disperser et gaspiller
des ressources que nous avons si grand besoin
de concentrer.

*
* *

Je ne connais pas de peuple mieux préparé à
la pratique du suffrage universel que le peuple
annamite.

Ou donnons à ce peuple une vie, une constitution autonomes (ce qui serait le plus sage), ou
octroyons lui une représentation au Parlement,
basée sur l'égalité civile et politique de l'Européen
et de l'indigène.

Nous avons un principe, le suffrage universel ;
il faut avoir le courage de l'appliquer.

Ou représentation ou autonomie, mais plus de
sujétion.

Le temps du despotisme de race est passé.

*
* *

Kant écrivait, il y a plus de cent ans, que vien-
drait sûrement le jour des Etats-Unis d'Europe —
exemple frappant de la lenteur avec laquelle germe
une idée.

Il ajoutait d'ailleurs qu'un peuple désireux

d'assister à ce grand événement doit tenir la main sur le pommeau de son épée.

Devant l'extraordinaire développement de la flotte de guerre des États-Unis et le réveil guerrier de la race jaune, la Confédération Occidentale devient une nécessité. Cette nécessité, à peine entrevue, il y a quelques années, est reconnue maintenant comme une vérité banale.

D'après M. Gaston Moch, il dépend de l'empereur d'Allemagne que la Confédération Occidentale s'arrête au Rhin ou à la Vistule.

La Russie, politiquement et socialement plus asiatique qu'européenne, semble destinée à ce rôle (qui ne manque pas de grandeur) de trait d'union entre l'Europe et l'Asie.

Ce serait assurément un beau rôle, pour un souverain, celui de fondateur des États-Unis d'Europe, en débutant, de toute nécessité, par la Confédération Occidentale, mais nul n'en veut ; ce sera donc l'œuvre de la démocratie de plus en plus internationaliste en tous pays.

Il importe cependant au plus tôt de constituer cette confédération, non seulement pour alléger les peuples du fardeau de la paix armée, mais encore pour consacrer une partie de ses ressources à la marine de guerre. Car, jusqu'à l'époque encore éloignée de la paix universelle, la Confédération Européenne aura besoin d'une flotte pour la protection de ses intérêts.

L'internationalisme n'est pas la suppression, mais l'association des patries.

Le comte de Gasparin disait, en 1871, que Bismarck avait eu le talent de se faire déclarer la guerre, mais que jamais il n'aurait osé la déclarer, parce que l'Allemagne pratiquait le service obligatoire.

On ne peut nier les services que la propagande socialiste a rendus à la cause de la paix, bien que les socialistes se soient considérablement exagéré leur influence. Cette propagande n'eût pas eu un grand effet, si elle n'avait été secondée par l'extraordinaire enchevêtrement des intérêts de toutes les nations, conséquence du colossal développement des relations internationales.

Mais, sans aucun doute, c'est le service obligatoire qui a rendu si populaire la cause de la paix. Maintenant qu'au lieu de faire du patriotisme, en choquant des verres, le ventre à table, il faut y aller de sa peau ou de celle de ses enfants, les ardeurs guerrières en ont été singulièrement tempérées.

*
* *

Monsieur Edouard Sattler estime que tout compté (aux dépenses visibles et directes, il faut ajouter les pertes que la lourdeur des impôts cause à l'industrie), l'annexion des 14.000 kilomètres carrés de l'Alsace-Lorraine a coûté près d'une centaine de milliards à la France et à l'Allemagne — en tout cas, elle a coûté plus que cela à l'Europe.

Comme le banquier Bleichrœder avait raison, quand il conseillait à l'empereur Guillaume de ne demander aucune cession de territoire, mais d'exiger de nous dix milliards ! Quelle économie c'eût été pour l'Allemagne, autant que pour nous !

Si Guillaume avait écouté le grand banquier, les deux nations seraient plus riches de beaucoup de milliards et l'Allemagne n'aurait pas de meilleur ami que nous.

*
* *

En général, les gouvernements franchement parlementaires sont des gouvernements pacifiques. Mais, sous ce rapport, le gouvernement soi-disant parlementaire du Japon ne me paraît nullement offrir des garanties. Il y a bien un parlement au Japon ; mais ce n'est pas tout d'avoir un parlement, il faut que la mentalité populaire s'accorde avec ce mode de gouvernement.

Or, quelle est la mentalité du Japon ? Les ordres du jour de l'amiral Togo nous en donnent une idée vague. Cette idée se précise par la lecture de l'étude de M. Michel Revon sur les dieux domestiques.

Si ces génies domestiques, dit M. Revon, sont chers à toute maison, quel ne sera pas le renom des dieux publics qui protégent la résidence impériale, temple du dieu vivant, « l'auguste et frais « séjour dont les piliers reposent sur les plus pro-« fonds rochers, dont le toit élève jusqu'à la « plaine des hauts cieux ses poutres entrecroisées, « et où, abrité contre les intempéries, ombragé « contre le soleil, tranquillement, le Fils des dieux « possède les pays des quatre régions, comme « une contrée pacifique ».

Ce dieu vivant, qui dispose d'une marine de guerre de premier ordre, d'une armée formidable par le nombre, animée du triple fanatisme guerrier, patriotique et religieux, dédaigneuse de la mort au delà de toute limite, me paraît un bien sérieux danger pour la paix du monde.

Heureusement le Fils du Ciel ne semble pas disposé à emboîter le pas derrière le Fils des dieux.

Sous des apparences constitutionnelles, l'empire allemand est régi par un autocrate.

L'autocratie est toujours un danger pour la paix; l'algarade de Tanger en est la preuve manifeste.

L'entente cordiale anglo-française est toute naturelle, parce qu'elle s'est établie entre deux nations franchement parlementaires. Aussi les partisans, en France, de l'autocratie russe penchent-ils volontiers vers l'autocratie germanique, par haine du *self government* anglais.

* *

Si, en lisant les « Annales de Sauvetage maritime », on prend l'humanité en haute estime, il suffit de mettre le nez dans les affaires coloniales, pour se rendre compte de tout ce que la bête humaine couve de cruauté imbécile.

Le sieur Liégeot a renouvelé, en Indo-Chine, les crimes imputés aux Gaud et Toqué en Afrique.

Qu'est-ce donc que cette administration coloniale, dans laquelle se pratiquent impunément, depuis si longtemps, de pareilles atrocités ?

* *

Faire exploser un nègre à la dynamite, pendre ou décapiter des jaunes à Madagascar ou en Indo-Chine, est chose sans importance; il faut avoir du temps à perdre pour s'y intéresser. Mais s'il s'agit de guillotiner un Vacher ou un Troppmann, toute la sensiblerie philanthropique est en émoi — Troppmann et Vacher sont des blancs.

La Ligue des Droits de l'homme devrait enquêter en Indo-Chine; elle y découvrirait de singuliers pots aux roses.

Le Parlement ne perdrait pas son temps, s'il expédiait une Commission parlementaire pour étudier sérieusement, sur place, cette stupéfiante administration coloniale.

.·.

Elle est vraiment digne d'être méditée, l'opinion du général prussien de Liébert, sur le service obligatoire, comme facteur de la paix. On peut en conclure aussi que l'autocratie est le seul danger de guerre; là où les peuples sont maîtres de leurs destinées, la guerre devient une calamité de plus en plus improbable.

« Le service obligatoire universel, dit le général, fait participer le peuple entier aux charges et au fardeau de la guerre; ce n'est que lorsque la nation reconnaît, de toute son âme, la guerre comme nécessaire, qu'elle peut être entreprise avec chance de succès. Si, par contre, la guerre est imposée au peuple par une politique fausse et vaine, alors fait défaut la pleine vapeur qui pousse la nation en avant vers un grand but ». Le fac-

teur moral prend chaque jour de plus en plus
d'importance.

Peut-être l'opinion du général a-t-elle traversé
le cerveau du Kaiser, et l'a-t-elle arrêté dans ses
fantaisies guerrières ?

*
* *

Le général prussien Von der Lippe propose,
comme solution de la question d'Alsace-Lorraine,
l'union douanière de la France et de l'Allemagne
à laquelle s'adjoindraient « avec joie » l'Autriche,
l'Italie, la Roumanie, la Suisse, la Belgique et la
Hollande.

« Libre échange dans toute l'union, et sage
protectionnisme contre l'extérieur, voilà mon programme », dit le général Von der Lippe.

Les tarifs de ce Zollverein seraient réglés par
un Zollparlement.

C'est la fédération que tant d'Européens récla-
ment à grands cris.

Il est certain qu'un marché unifié de deux cent
millions d'âmes ferait belle figure dans le monde.

Mais que dirait M. Méline ?

Le geste du Kaiser à Tanger a relégué pour
longtemps ces beaux rêves de fédération européenne dans le monde de l'utopie ; les Etats-Unis
d'Europe prédits par Kant ne s'en réaliseront pas
moins un jour.

J'ai reçu de M. Gaston Moch son « Histoire sommaire de l'Arbitrage permanent ». Presque toutes les nations, aujourd'hui, ont passé des traités d'arbitrage.

Rarement (après un long stage, il est vrai) une idée a fait plus rapidement son chemin dans le monde, et beaucoup plus vite sur le nouveau continent que sur l'ancien. Cette rapide extension prouve combien l'arbitrage répond à un besoin de notre époque. Par un moyen simple et pratique, il donne satisfaction à ce besoin de justice et de droit qui caractérise notre temps.

Deux nations litigantes peuvent choisir, d'un commun accord, un arbitre en dehors du Tribunal de La Haye; telle a même été, jusqu'à présent, la façon de procéder la plus générale. Mais l'incident de Hull a consacré le Tribunal international. Cette grande institution a conquis, par l'heureuse issue de cette épineuse affaire, l'autorité qui lui manquait; dans cette circonstance, elle a démontré aux plus incrédules son aptitude à régler des conflits très graves.

L'éminent esprit qui gouverne les Etats-Unis s'est déclaré partisan décidé de ce grand instrument de paix.

La marine norvégienne passe de 51.000 tonnes, en 1875, à 672.000 en 1900 ; on conçoit qu'une nation dont l'accroissement est si rapide ne tienne pas à rester l'associée d'une nation relativement endormie.

Il est acquis aujourd'hui que les sociétés pacifistes d'Allemagne ont organisé la résistance au Kaiser ; elles ont fait des efforts méritoires, pour lui faire rengaîner sa grande épée tirée à Tanger, avec des gestes si menaçants.

Il n'en est pas moins vrai qu'il faut s'attendre à tout. Tant qu'il y aura des autocrates, la paix ne sera jamais assurée. C'est une nécessité du temps présent de tenir sa poudre sèche.

En considérant l'homme uniquement comme producteur, on peut alléguer des sophismes fallacieux en faveur du protectionnisme ; on ne peut plus les invoquer, quand il s'agit des enfants, qui sont des consommateurs non producteurs. Pour les familles nombreuses, le protectionnisme est un fléau sans la moindre apparence de compensation.

Pour la famille nombreuse, bien plus que pour l'individu, est de toute importance *la vie à bon marché*.

C'est la grande préoccupation de l'Angleterre : la vie à bon marché ; c'est le cadet des soucis des Français.

*
* *

Les économistes n'ont jamais beaucoup redouté le péril jaune au point de vue économique ; ils ont prédit depuis longtemps que les bas salaires des Nippons ne pourraient se maintenir. La prédiction a déjà reçu un commencement de réalisation. Si la moyenne des salaires, 1 fr. 25, est encore bien notablement inférieure à la nôtre, son accroissement n'en a pas moins été rapide, puisqu'elle était de 0 fr. 30 il y a vingt ans.

Après la guerre, il faudra augmenter les impôts. Le Japon, devenu grande puissance, en supportera toutes les charges, et ces charges feront monter les salaires (le salaire nominal bien entendu, non le bien être).

L'effort militaire du Japon a tué sa puissance économique.

*
* *

M. Marc Maurel, l'un des hommes les plus éminents de l'intelligente ville de Bordeaux, par sa grande expérience des affaires, comme par ses études économiques, a publié un bien remarquable travail sous le titre « Notre avenir économique ? ».

Comme il le fait ressortir avec évidence, avec la Commission des Douanes on ne sait jamais si la matière première d'une entreprise ne sera pas frappée, du jour au lendemain, de taxes quasi prohibitives. C'est ce qui est arrivé pour le maïs. Aux variations de la Commission des Douanes correspondent nécessairement les variations des tarifs de représailles des pays étrangers. L'instabilité commerciale est devenue ainsi une maladie chronique. Le malheureux industriel ne peut pas plus prévoir les fantaisies de nos législateurs que la revanche des législateurs étrangers. Assurément cette insécurité est la cause principale de notre décadence commerciale.

Nos échanges augmentent, il est vrai, mais combien lentement, par rapport à nos rivaux ! De 1891 à 1901, nos exportations ont augmenté de 512 millions ; elles ont augmenté pendant ce temps du triple en Angleterre et du quadruple en Allemagne.

M. Marc Maurel propose comme remède les traités de commerce à longs termes, qui permettront aux industriels et aux commerçants d'édifier sur une base solide leurs prévisions et leurs calculs.

L'Angleterre prospère par le libre échange,

l'Allemagne par les traités de commerce à longs termes.

*
* *

Pour un grand nombre, la démocratie est le développement brutal des instincts d'envie et de convoitise ; la démocratie n'est rien, si elle n'est pas, avant tout, un système très élevé de moralisation.

*
* *

L'étatisme est, pour les parasites, un merveilleux bouillon de culture.

*
* *

Il est tout à fait anormal que deux nations liées par tant d'intérêts économiques, par un aussi intense courant d'affaires que la France et l'Angleterre, aient des monnaies et des systèmes de poids et mesures différents.

L'entente cordiale bat son plein ; ce serait peut-être le moment de conseiller à l'Angleterre une réforme aussi avantageuse pour elle qu'utile pour nous, et d'une importance universelle pour le progrès économique mondial.

Que l'Angleterre adopte le système métrique, la pièce de 20 francs et le franc.

En échange, nous pourrions peut-être lui offrir l'adoption du méridien de Greenwich, premier pas vers l'heure universelle — heure d'une application restreinte, il est vrai, mais certainement utile pour le service télégraphique mondial.

Nous avons déjà un grand nombre d'heures (sans compter l'heure du lieu), d'abord heure astronomique et heure civile (qu'on devrait bien unifier), heure sidérale, heure vraie, heure moyenne... Ce serait une nouvelle heure, heure universelle ou télégraphique.

Quoi qu'il en soit de l'heure télégraphique, l'unité de mesures, de monnaies, de cartes marines, de Connaissance des Temps (c'est l'annuaire des mouvements célestes) resserreraient plus intimement les liens qui unissent les deux peuples que des traités peut-être un jour gênants. Le mieux est d'avoir les mains libres, de bons rapports avec tous, des amitiés plus intimes avec quelques-uns.

*<br>* *

L'Allemagne possédait deux ports francs, Hambourg et Brême; l'essai en ayant pleinement réussi, des zones franches ont été concédées à Emden, Geestemünde, Cuxhaven, Stettin, Dantzig. C'est assurément un des facteurs importants du merveilleux développement maritime et commercial de l'Allemagne.

La zone franche ne coûte d'autres frais d'installation que la clôture autour de laquelle rôde la douane, sans pouvoir la franchir.

Elle constitue une extension libérale de l'entrepôt et de l'admission temporaire. Elle donne aux commerçants et aux industriels plus de liberté, plus de sécurité ; elle économise leur temps, en les débarrassant de formalités gênantes et des tracasseries administratives.

Dans les zones franches on peut se livrer au triage, aux divisions de marchandises, aux manipulations. A Bordeaux, on pourrait mélanger des vins étrangers aux vins français ; à Hambourg, l'industrie principale est le nettoyage, triage et mélange des cafés qui constituent le type Hambourg.

La zone franche est une libération de formalités administratives dont on ne saurait exagérer l'efficacité.

La loi du 17 avril 1902, accordant des primes à la marine marchande, n'a produit que des déceptions ; on aura beau se tourner et se retourner de toutes façons, on n'aura jamais une marine florissante, sous le règne du mélinisme.

À coups d'argent, pris naturellement dans la poche du contribuable, nous avons fait monter notre flotte vapeur de 318.000 tonnes, en 1875, à 667.000 en 1900. Pendant ce temps, la flotte de l'Angleterre croissait de 8 millions de tonnes, sans qu'il en coûtât un sou à l'Etat ; mais l'Angleterre est un pays libre-échangiste.

Les zones franches ne portent aucun préjudice au protectionnisme — sans cela, il serait bien inutile de plaider leur cause devant un parlement déterminé protectionniste. Que nos législateurs nous accordent du moins les zones franches, qui ont fait leurs preuves en maints pays, pour réconforter notre marine et réveiller l'activité de nos ports.

***

Quand on a le pouvoir des Pharaons, on fait bâtir des Pyramides. Or, les gouverneurs de nos grandes colonies sont des Pharaons au petit pied ; sous une forme ou sous une autre, ils veulent laisser leur pyramide.

Nos gouverneurs sont des autocrates n'ayant à compter qu'avec les colons. Les colons ont les moyens de présenter leurs doléances plus ou moins justifiées devant l'opinion publique, par la presse, ou devant le Parlement ; l'indigène n'a aucun moyen de défense. A la condition d'aider le colon à exploiter l'indigène, le gouvernement est souverain absolu.

Louis XIV bâtissait Versailles, pendant que ses sujets mangaient de l'herbe. A Madagascar, sous prétexte de civilisation, le gouverneur a entrepris des travaux publics hors de toute proportion avec les besoins d'un pays très pauvre et très peu peuplé. Pour ces créations de luxe ou d'inutilité publique, il a fallu écraser les populations d'impôts excessifs pour leurs facultés de production, impôts recouvrés avec une dureté de barbare ; si bien que ces indigènes, doux et dociles par tempérament, exaspérés par les mauvais traitements, se métamorphosèrent en moutons enragés et se révoltèrent en masse.

La répression de cette révolte très habilement préparée fut beaucoup plus sanglante que cette invraisemblable conquête où le gouvernement français et le gouvernement howa luttèrent d'incapacité.

*
* *

Quand les colonies étaient encore attachées à la marine, j'étais un zélé partisan de la séparation. En aucun temps, je n'ai varié en cette matière. J'ai toujours été convaincu que la communauté de ministère pour la marine et les colonies était absolument funeste à la marine, tant au point de vue matériel qu'au point de vue moral.

Un jour (les colonies constituaient alors un

sous-secrétariat de la marine), je développais avec conviction, devant le gouverneur d'une grande colonie, les raisons qui me faisaient désirer la séparation nette et complète. Il me répondit :

« Vous ne savez ce que vous désirez. Les colonies, par le sous-secrétariat, sont à peu près indépendantes de la marine, mais il y a un semblant de surveillance, et ce semblant de surveillance n'est pas sans efficacité. Quand la séparation sera complète, le ministère des colonies sera une forêt de Bondy. »

Souvent cette réponse m'est revenue à la pensée devant les abominations bien tardivement dévoilées par la presse, et cependant bien connues de toutes les personnes connaissant quelque peu le régime colonial.

*
* *

Le congrès international de la tuberculose se réunit à Paris.

Le besoin de congrès internationaux s'affirme tous les jours. Il ne se passe pour ainsi dire pas de semaine où un congrès international (sans compter les expositions internationales) ne se réunisse quelque part, tantôt dans un but philanthropique, tantôt pour le règlement d'intérêts généraux, ce qui n'empêche pas nombre de journaux de flétrir l'internationalisme.

L'internationalisme (dont le Congrès est l'organe) est devenu une nécessité, car ce n'est que par des accords internationaux que nous pouvons conjurer les grands fléaux, de la peste à la guerre.

Mais par quel étrange malentendu oppose-t-on le patriotisme à l'internationalisme ?

L'internationalisme se fonde sur l'existence des nations — il est l'association libre et volontaire (au moins morale) de nations qui tiennent, avant tout, à conserver leur personnalité. Il ne peut y avoir d'internationalisme sans nation, comme il n'y a' pas de nation sans patrie — la patrie embrasse, outre la nation actuelle, la nation du passé et la nation de l'avenir.

L'internationalisme est l'association, le rapprochement de grandes personnes morales, qui ne s'associent, ne se rapprochent qu'à la condition de conserver leur personnalité intégrale — elles se tiennent prêtes à défendre, au besoin par les armes, cette personnalité intégrale, si elle est menacée.

*<br>
* *

Trieste est le point de mire des Allemands — on publie en Allemagne des cartes où l'empire s'étend de Hambourg à Trieste.

L'Italie ne saurait voir ces prétentions d'un bon œil. Son alliance avec l'Allemagne est une alliance contre nature. Trieste est une pomme de discorde. Si ce merveilleux port échappe à l'Autriche, ce ne peut être logiquement que pour aller à l'Italie. La France et l'Italie ont même intérêt à barrer la route aux convoitises méditerranéennes de l'Allemagne. L'Italie doit donc se rapprocher de la France, à la condition que celle-ci lui laisse les mains libres dans la Méditerranée. Pour tout homme raisonnable, notre part africaine est largement suffisante.

La Confédération occidentale peut se composer aujourd'hui de l'Angleterre, de la France, de l'Italie, de l'Espagne et du Portugal, groupe auquel se rallient les sympathies des petits Etats, largement égaux aux grandes puissances par leur civilisation jouissant d'institutions libérales, acquis à la paix.

Le coup de clairon de Tanger, aussi tapageur que les trompettes de Jéricho, a fait crouler bien des espérances.

*
* *

Au Directeur du Daily Telegraph.

Monsieur le Directeur,

Nos édiles parisiens vont visiter la cité de Londres — c'est parfait. Jamais les représentants, à tous les degrés, des deux nations n'entretiendront trop fréquemment des rapports intimes.

Mais ces liens moraux pourraient être singulièrement resserrés et raffermis par la reprise d'anciens projets pour lesquels l'heure de la réalisation semble venue.

En premier lieu, l'acceptation en principe du tunnel sous la Manche — projet qui a échoué sous le prétexte vraiment par trop ridicule de la possibilité d'une invasion française par le tunnel.

Les études préliminaires ont été autrefois assez avancées pour permettre de procéder dès à présent à la constitution de la Compagnie anglo-française d'exécution.

Comme il en a été question à différentes reprises, l'Angleterre pourrait adopter le système métrique, dont la supériorité est reconnue par le monde entier, la pièce de 20 francs et le franc. L'Angleterre aurait tout intérêt à les adopter. En retour, nous pourrions accepter le méridien de Greenwich — il y aurait intérêt, pour les deux nations, à pouvoir se servir indifféremment de cartes marines anglaises ou françaises et des mêmes tables astronomiques.

Il est vraiment regrettable que deux nations, ayant des relations commerciales journalières si étendues, n'aient pas toutes deux le système décimal.

Avec le tunnel et l'unité de poids et mesures et de monnaie, il y aurait bien encore deux nations de chaque côté de la Manche, mais il n'y aurait plus qu'un peuple.

*
* *

La paix est faite entre la Russie et le Japon, le quart d'heure de Rabelais sonne, il s'agit de régler les comptes après l'orgie sanglante.

Nous ignorerons sans doute ce qu'a coûté à la Russie son désastre militaire. Il doit y avoir une comptabilité spéciale dans ce pays où les détournements des deniers publics sont de règle, où l'on cultive avec d'autant plus de succès le backchich que l'on est plus haut placé. La guerre a été une excellente aubaine pour l'aristocratie bourreaucratique et militaire.

Voyons le compte du Japon victorieux.

Avant la guerre, la capitation était de quatre yens, elle monte à 12 ; la dette nationale était de 12 yens par tête, elle monte à 50.

Voilà le bénéfice. Mais le comte Okuma dit, comme M. Guizot jadis : le Japon est assez riche pour payer sa gloire. Néanmoins, il faudra travailler dur pour payer à l'Angleterre et aux États-Unis, l'intérêt de la dette glorieuse. Tout comme en Russie, le peuple payera ; en attendant l'aristocratie nipponne encaisse gros traitements, récompenses, grades et honneurs. C'est la règle, la plèbe arrose de son sang la terre où poussent, pour les grands, les fruits les plus savoureux.

Mais si les peuples étaient sages, à quoi serviraient les historiens ?

Je me rappelle avoir lu quelque part : « La Hollande, comme une fille bien élevée, continue à ne pas faire parler d'elle ». Or, il en est des peuples comme de ces gens vaniteux qui, suivant un vieux dicton, font ventre de paille et dos de velours. Si notre histoire est aussi amusante, c'est par le nombre invraisemblable de nos sottises.

Pendant la guerre, tous mes vœux et toutes mes sympathies ont été à la Russie. Je lui désirais la victoire de tout mon cœur. Mais, comme dit la chanson :

> Quand on n'a pas ce que l'on aime,
> Il faut aimer ce que l'on a.

J'estime que, la Russie ayant été battue à plate couture et jouissant, de plus, des douceurs de l'anarchie, les choses ont tourné au mieux.

Le plus clair profit de cette lutte meurtrière va à l'Angleterre, garantie désormais de la tranquille possession des Indes, sans bourse délier. Nous y gagnons, nous, la sécurité de l'Indo-Chine pour quelques années. Nous aurons ainsi le temps de réformer l'irritant régime d'iniquité que nous y avons implanté, d'y introduire un peu de liberté et beaucoup de justice, seul moyen de la conserver. Nous pouvons nous l'attacher pour toujours, si nous la traitons en associée et non en sujette.

La Chine est garantie maintenant contre toutes les convoitises européennes, convoitises plus dangereuses pour les Européens que pour la Chine elle-même.

Tout est bien qui finit bien.

*
* *

Il y a quelque vingt ans, je revenais de l'Indo-Chine avec un résident qui y avait passé de nombreuses années. Pour mon compte, j'avais été en contact avec les Annamites pendant six ans et demi, soit en 1860, soit en 1885.

Je demandai à mon compagnon de voyage : « Pensez-vous que les Annamites soient mûrs pour le suffrage universel ? » Il me répondit : « Sans aucun doute, mais en l'adaptant aux mœurs du pays, en réservant le droit de suffrage aux seuls pères de famille ».

Je ne puis comprendre que les Annamites soient nos sujets ; il est temps d'en faire des citoyens français, ce sera la meilleure garde de notre colonie. Il est grand temps que l'Indo-Chine, de *sujette* devienne notre *associée*. L'Annamite est aussi intelligent que le Français et le Japonais ; il est bien notre égal.

Il est odieux de voir une nation, qui s'enorgueillit d'avoir proclamé les droits de l'homme, assez en contradiction avec elle-même pour avoir des sujets.

Je ne voudrais même pas considérer les barbares du Dahomey comme des sujets ; nous devrions les appeler *mineurs* ou *pupilles*, et les traiter comme tels. Nous devrions être des *tuteurs* honnêtes et non des *exploiteurs*. Telle était la sublime politique de Brazza.

* *

La Russie a bien assez à faire chez elle, pour ne point troubler la paix en Europe. Les affaires d'Extrême-Orient sont réglées pour longtemps. Il n'y a pas en Orient d'antagonisme irréductible entre la Russie et l'Angleterre, rien ne les empêche de conclure une entente sur ce terrain. C'est bien évidemment notre devoir et notre intérêt de travailler au rapprochement de la Russie et de l'Angleterre.

Mais le pivot solide de notre politique extérieure doit être désormais l'entente cordiale avec l'Angleterre. Nous savons que nous pouvons compter sur elle — l'entente cordiale n'a rien à redouter de qui que ce soit.

* *

L'Angleterre a décidé l'établissement, à Douvres, d'une formidable forteresse protégeant une

base navale de premier ordre. C'est évidemment
pour être maîtresse absolue du Pas-de-Calais.
Cette mesure ne nous touche en rien, puisque tous
nos ports de guerre sont au sud du Pas-de-Calais,
elle est manifestement dirigée contre l'Allemagne.

Si le kaiser et le tzar ont fraternisé, cela montre
bien le désir de l'Allemagne de se rapprocher de
la Russie ; mais celle-ci n'y est guère disposée, et
la volonté du tzar flotte comme une plume au vent.

L'affaire du Maroc semble bien avoir été, dans
la pensée de Guillaume II, une menace pour nous
inviter à ne pas trop prendre au sérieux l'entente
cordiale, et une invitation quelque peu commi-
natoire à nous allier à lui contre l'Angleterre.
Nous sommes, en France, de grands pacifistes.
Nullement friands de querelles, nous désirons
vivre en paix avec tout le monde ; mais nous tenons
quelque peu à notre dignité, et nous n'avons pas
l'échine assez souple pour nous laisser condamner
à l'amitié forcée.

*
* *

Bienheureux qui voit clair dans les affaires de
la vieille folle Europe, où les petits Etats gardent
seuls quelque bon sens — peut-être par force ?

Sommes-nous loin du temps où, à toute heure
du jour, nous arrivaient de Russie des télégrammes
de tendresse !

Que se sont dit le kaiser et le tzar en tête à tête ?

Il est aujourd'hui une chose certaine, très certaine et seule certaine : l'Angleterre a pris l'entente cordiale très au sérieux et très à cœur — hors de là, tout est bien obscur, du moins pour les peuples, les derniers à savoir à quelle sauce les grands les accommodent.

****

Au moment de la crise marocaine, je n'ai pas entendu, sans une stupéfaction indignée, des gens parlant de l'arrivée des Prussiens à Paris, comme s'il n'y avait personne à la frontière. Ces personnes qui déclarent la France incapable de se défendre (je ne dis pas d'attaquer), ajoutaient : à quoi servirait l'entente cordiale, l'Angleterre n'enverra pas ses cuirassés à la frontière ? — Assurément.

Mais l'Allemagne n'ignore pas combien l'Angleterre est redoutable ; aussi ne songe-t-elle à l'attaquer qu'avec notre concours ; elle sait bien qu'elle ne peut rien contre l'Angleterre et que l'Angleterre peut beaucoup contre elle.

****

La marine de guerre coûte énormément, c'est un gouffre ; et le progrès, là, comme en toute industrie, consiste à substituer de plus en plus le capital à l'homme auquel, d'autre part, on demande une somme de plus en plus grande de valeur intellectuelle. Plus donc la marine progresse, plus elle coûte cher.

Il appartient au parlement d'estimer quelle somme la nation peut consacrer à sa marine, sans épuiser le pays et sans empiéter sur les besoins des autres services.

Il ne faut pas oublier non plus que la puissance financière est une des grandes forces défensives du pays, qu'exagérer les impôts, c'est anémier la nation et affaiblir ses facultés de lutte.

Ayant déterminé le budget possible pour la marine, détermination qui incombe au ministre des finances, il s'agit d'en tirer le meilleur parti possible, tâche du ministre de la marine et des techniciens.

Rien de plus dangereux que les illusions en pareille matière, rien de funeste comme les forces n'existant que sur le papier.

Tout navire qui n'est pas excellent, loin d'être une force à la guerre, est un poids mort embarrassant et, par suite, un élément de faiblesse. La guerre russo-japonaise le prouve compendieusement ; se fier au nombre, c'est courir au désastre, parcequ'on se lance dans des entreprises devant lesquelles on eût reculé. N'eut-il pas mieux valu, pour la Russie, ne pas envoyer, en Extrême-Orient, une escadre vouée à une dégradante défaite ?

Ayons, comme nombre, la marine que nous pouvons avoir, mais ayons une marine excellente. Nous avons trente et quelques milliards de dettes ; c'est là un fait que nous devons toujours avoir présent à l'esprit. D'autre part, si l'impôt n'a pas atteint son maximum de productivité, il ne s'en faut guère ; nous sommes bien près de la limite où l'aggravation de l'impôt aboutit à une diminution dans la recette. Rendons-nous compte de notre situation ; il serait périlleux de n'avoir pas le courage de l'accepter.

Tout le monde le sait, nous ne pouvons prétendre à une marine égale à celle de l'Angleterre — il faut nous attendre à être très prochainement inférieurs aux Etats-Unis. Ils veulent avoir une marine aussi forte que quiconque ; pour eux, c'est un désir bien facile à réaliser, n'ayant aucune charge militaire et disposant de ressources illimitées. Le Kaiser veut à tout prix une forte marine, il en a tous les éléments. Nous ne pouvons pas même égaler le Japon dans sa sphère d'influence, pour peu que les événements nous obligent à maintenir en Europe une partie de nos forces navales.

Mais si nous ne pouvons prétendre au sceptre des mers, comme allié nous pouvons jouer un rôle de premier ordre ; il nous importe donc d'avoir une marine aussi puissante que nos moyens nous le permettent.

Pour atteindre ce but, partons de ce point de départ: pas d'argent plus mal employé que l'argent consacré à l'armement et à l'entretien de navires démodés ; que, par dessus tout, nos navires soient montés par des équipages exercés et entraînés. Car s'il importe d'avoir un bon matériel, il importe bien plus encore d'avoir un personnel instruit. Les exercices *nécessaires* entraînent des dépenses considérables. Les économies sur les exercices sont absolument détestables. Sans exercices coûteux, on a de belles machines flottantes, des groupes imposants à la vue, on n'a ni navires de combat, ni escadres.

Rien de plus dangereux pour un pays que les forces fictives et les illusions qu'elles donnent.

Peu de navires, si nous ne sommes pas assez riches pour en entretenir un grand nombre, mais de très bons navires parfaitement montés. Les Russes avaient des navires démodés, mais ils avaient aussi d'admirables cuirassés, armés avec un détestable personnel. Les Japonais ont dû leurs victoires au merveilleux entraînement de leurs équipages — et à leur patriotisme, sans lequel on est vaincu d'avance.

*<br>* *

Ce n'est point par les journaux que je me suis fait une opinion sur la réception de notre escadre en Angleterre ; c'est en interrogeant des matelots et des quartiers-maîtres.

La réception officielle a été grandiose, tout le monde le sait ; mais, des réceptions officielles à la profonde pensée de l'âme populaire, il y a souvent un abîme. Ce qui a surtout frappé mes interrogés, c'est l'enthousiasme de toutes les classes, unanimes dans un même élan de cœur ; les personnes de tout rang leur pressaient avec effusion les mains dans la rue.

Entre divers récits, je choisis celui d'un quartier-maître fourrier, parce que je le connais personnellement très bien, que je suis certain de sa sincérité et que je puis me porter garant de son invraisemblable aventure :

Avec mon camarade, je débarquai à Londres, par un train spécial de première classe, mis à la disposition des marins français. Il y avait à la gare beaucoup d'équipages et, dans l'un d'eux, un monsieur et une dame fort élégante. Ils nous dirent avec vivacité : montez dans ma voiture ! montez dans ma voiture ! car ils parlaient français. Il nous promenèrent dans Londres et nous retinrent à dîner. Après le repas, les demoiselles de la maison nous firent de la musique et chantèrent. Nous passâmes la nuit dans une belle chambre et, le matin (ce qui semble avoir porté au paroxysme la satisfaction de mon interlocuteur), un valet vint prendre, pour les brosser, nos vêtements et nos chaussures. Au départ, les demoiselles de la maison nous servirent, elles-mêmes, le chocolat dans la salle à manger.

Ce brave garçon ajouta : si je n'avais pas eu un compagnon, j'aurais cru avoir rêvé. Dans la rue, on nous offrait des livres sterling ; mais je n'ai pas besoin de vous dire que nous avons poliment refusé.

Et tous les marins que j'ai entendus, s'ils n'ont pas été hébergés avec tant de magnificence, ont tous, été l'objet d'attentions délicates ou de soins généreux.

Tous étaient encore profondément impressionnés par le spectacle des drapeaux anglais et français flottant aux fenêtres, d'où partaient des acclamations et des fleurs.

Tout cela ne me surprit pas beaucoup ; j'étais préparé par l'accueil fait au Duguay-Trouin. Un officier de ce navire me disait : ce qui nous a frappés, ce n'est pas l'accueil courtois et vraiment cordial des autorités dans les différentes villes que nous avons visitées, c'est l'accueil des paysans. Dans les promenades en voiture qu'on eut la galanterie de nous offrir, les paysans quittaient le travail, secouaient leurs mouchoirs et venaient au bord de la route crier : Vive la France ! Vive Loubet !

*⁎*

M. Witte, dit-on, est revenu de Rominten ultra-germanophile et fanatique anglophobe — d'autre part les « Novosti » affirment la solidité de l'alliance franco-russe ; tant mieux, on n'a jamais trop d'amis, surtout quand on a des voisins douteux ; mais à la condition que cette alliance ne porte aucune atteinte à l'entente cordiale.

Un rapprochement anglo-franco-russe assurerait la tranquillité de l'Europe, où tout le monde veut la paix, qui ne peut être troublée que par la turbulence du Kaiser.

D'autre part, on songe aux Etats-Unis à une entente cordiale avec la France et l'Angleterre — ce serait l'union des trois grandes nations libérales, l'Angleterre entraînant le Japon, et la France entraînant la Russie. La Russie et le Japon semblent bien avoir conclu une paix définitive. La paix mondiale serait ainsi assurée — heureuse conclusion bien imprévue de cette horrible boucherie russo-japonaise. Qui pourrait un instant vouloir troubler la paix du monde, devant l'entente des Etats-Unis, de l'Angleterre et de la France ?

Garantie de la paix européenne par l'entente anglo-franco-russe — garantie de la paix mondiale par l'entente des Etats-Unis, de l'Angleterre et de la France.

*
* *

La guerre a servi à constituer les nations qui sont de grands marchés ; mais maintenant que le marché universel est établi, la guerre est sans objet. Nous ne sommes pas arrivés pour cela à l'ère pacifique, nous avons trop à compter avec les préjugés des gouvernements, si prodigieusement en retard sur leur époque. Malgré tout, la concurrence productive ou industrielle l'emporte de plus en plus sur la concurrence guerrière ou destructive.

*
* *

A propos du conflit marocain, où l'amour effréné du Kaiser pour la France faillit l'entraîner au viol, le « Daily Mail » écrivit ces fières paroles qui donnent bien le dernier mot de la situation :

« Aucun ministère britannique n'aurait pu permettre que l'on envahît un peuple ami, parcequ'il avait commis l'offense d'accorder son amitié à l'Angleterre. »

*
* *

On s'imagine difficilement combien les principes dépendent de la latitude et de la longitude. Les gens qui tonnent contre les inquisiteurs moyen-âgeux n'ont que des sourires pour les inquisiteurs coloniaux.

Le docteur Roux (voir le « Signal » du 14 décembre 1905), pendant son séjour à Analalava, a soigné un chef sakalave auquel le capitaine Laverdure avait fait brûler les pieds avec du pétrole. Les docteurs Vivier et Cavazza ont soigné des indigènes auxquels des brûlures avaient été infligées par le capitaine Laverdure.

« Le général Galliéni, dit le « Signal », mis au courant de tout, n'a jamais sévi contre de pareils traitements ».

Il y a plus de tartuferie dans le colonisme qu'il n'y en a jamais eu dans l'Eglise. La civilisation (voire syphilisation) remplace la religion pour les tartufes colonistes, mais les tartufes civilisants sont de même acabit que les tartufes christianisants.

*<br>* *

La paix est faite depuis longtemps déjà en Extrême-Orient, et les navires, par la rencontre des mines, continuent à sauter de plus belle.

Et pour comble, ces navires n'appartiennent à aucune des deux nations belligérantes !

La guerre russo-japonaise a montré combien les torpilles flottantes sont dangereuses pour les neutres. Prochai        se réunira à La Haye une conférence internationale ; espérons que la question des neutres y jouera un rôle important. Elle proclamera sans doute ce principe que les belligérants, sous prétexte de vider leurs querelles particulières, n'ont pas le droit d'opprimer les neutres.

Elle fera sans doute un pas vers la reconnaissance de l'inviolabité de la propriété maritime.

Tout particulièrement, elle interdira l'usage des mines pouvant flotter au large, elle ne reconnaîtra comme engins de guerre que : 1° les torpilles de fond ; 2° les torpilles Whitehead ; 3° les torpilles dirigeables de terre.

*
* *

Un ami de grand sens m'écrit :

« Les révélations du « Matin » ont eu évidemment pour effet d'irriter l'Allemagne contre l'Angleterre, où elles ont dû produire le plus déplorable effet ; j'ai peur que notre façon de crier nos secrets sur les toits n'amène les Anglais à nous mépriser un peu et ne refroidisse leur sympathie à notre égard ».

Il est fort à craindre que nos ministres-commères n'aient porté un grave préjudice à notre diplomatie.

D'autre part, n'est-il point temps que les affaires des peuples se traitent au grand jour, et qu'ils jettent un coup d'œil sur l'échiquier où ils servent de pions aux diplomates ?

*.*

Ce qu'il y a de plus clair dans les affaires Marocaines, c'est qu'elles entrainent un redoublement de dépenses et une recrudescence du militarisme.

M. de Lanessan prétend, dans le « Matin, » que nos forteresses ne nous abritent plus — des gens compétents le nient ; mais c'est bien possible. L'ancien ministre fait remarquer, non sans apparence de raison, que la lutte entre la forteresse et le canon est la même qu'en marine la lutte entre la cuirasse et le canon. Les forteresses doivent vieillir comme les navires (moins rapidement peut-être). Il peut donc arriver qu'à un moment donné, elles ne soient plus à même de résister à une nouvelle artillerie. C'est charmant pour les officiers du génie, mais bien triste pour la population laborieuse.

Impossible de jouir d'un moment de répit ; quand on ne se bat pas à coups de canon, on se bat à coups de pièces de cent sous, et bientôt on se battra à coups de pièces de vingt francs — c'est le progrès.

Le plus certain de tous les progrès pourrait bien être celui de la bêtise humaine.

Andrew Carnegie n'a pas seulement le mérite d'être ultra-milliardaire (ce qui n'est point banal), c'est un vrai philanthrope, un homme d'une large envergure intellectuelle et morale. En Angleterre comme aux Etats-Unis, il jouit d'une haute considération. Les paroles qu'il prononce doivent trouver en France des oreilles attentives, non seulement à cause de leur valeur intrinsèque, mais en raison de leur écho dans la vaste et puissante famille anglo-saxonne.

Dans l' « Echo de Paris » du 30 septembre 1905, il prêche le rapprochement des trois peuples Etats-Unis, France, Angleterre. Il fait ressortir la similitude de leurs institutions « basées sur le gouvernement du peuple par le peuple et pour le peuple ».

Elles doivent s'entendre, pour la construction de la paix par l'arbitrage.

Il faut déclarer bien haut, dit-il, « que tous les « partis, aux Etats-Unis comme en Angleterre, « ne doivent avoir que le désir de resserrer « davantage les liens qui unissent les deux « familles de même race et de même langue à la « généreuse France. »

Enfin il termine par le vœu « que l'homme « extraordinaire [pour extraordinaire, il est extra-

« ordinaire] qui commande les destinées de l'Alle-
« magne, se réveille un jour aussi fervent et sin-
« cère ami de la paix que les dirigeants des trois
« peuples unis ».

Ainsi soit-il !

*
* *

« La France, dit Carnegie, est le magasin de
luxe de l'univers ».

C'est vrai. Commercialement, on ne saurait
trop le répéter, la France et l'Angleterre ne sont
pas des nations concurrentes, ce sont des nations
complémentaires. Elles ont besoin l'une de l'autre, elles doivent marcher, la main dans la main,
n'ayant aucune raison de se contrecarrer. La prospérité de la France est intimement liée à la prospérité de l'Angleterre.

*
* *

Dans un discours aux instituteurs de l'Yonne,
M. Bienvenu-Martin a prononcé ces paroles nécessaires, par le temps qui court : « Nous sommes
à la fois des patriotes et des pacifistes ».

Il est triste qu'un ministre se croie obligé de
prononcer de pareilles lapalissades — mais, dans
notre France laborieuse, trop souvent les détra-
qués tiennent le haut du pavé.

*
* *

Les nations ne sont grandes qu'à la condition de faire de grandes choses.

La guerre européenne, c'est aujourd'hui la guerre civile.

La guerre coloniale est terminée — heureusement !

C'est dans les grands travaux internationaux qu'on peut faire aujourd'hui de grandes choses. Les temps sont mûrs pour le tunnel unissant la France à l'Angleterre.

*
* *

On peut espérer ce résultat de l'entente cordiale : conclure avec l'Angleterre les accords nécessaires en vue de terminer, par l'association des deux peuples, le réseau des chemins de fer chinois, notamment entre les lignes du Yang-Tse et des deux Kouangs.

*
* *

Il est grand temps que l'opinion s'émeuve des crimes coloniaux.

« Le Signal » en donne des exemples révoltants — avec preuves.

Il y a les crimes particuliers et les crimes de gouvernement. A Madagascar, les crimes particuliers consistent, le plus souvent, dans l'abus des femmes indigènes, réquisitionnées par les colons et les fonctionnaires, sans reculer toujours devant le viol — avec tolérance de l'autorité qui ferme les yeux. Le « Signal » cite une enfant de six ans, syphilisée par un Européen.

Quant aux crimes de gouvernement en voici un précieux échantillon.

Le commandant du d'Estaing (voir « le Signal » du 11 décembre 1905) rencontre un ami, lieutenant de la coloniale, il le trouve attristé et lui demande la cause de son chagrin. Le lieutenant répond : « Je suis décidé à démissionner ; je ne puis continuer la répugnante besogne que le général exige d'un officier. Après avoir recueilli les impôts dans le district d'Antankarana, je les ai envoyés à Tananarive ; et le général veut m'obliger à en prélever de nouveaux, parce qu'il a besoin, me dit-il de 60.000 francs pour sa presse ».

*<br>* *

Le rapport de M. François Deloncle, sur la défense de la Cochinchine, démontre, paraît-il, qu'il faudrait beaucoup de millions pour un bien mince résultat.

La vraie défense de l'Indo-Chine serait le loyalisme des Indo-Chinois. Nous avons conquis le territoire par les armes; ce n'était pas bien difficile, le pays étant désarmé. Le difficile est de conquérir les âmes; les âmes ne se conquièrent pas avec le canon, mais avec la justice. Le régime d'exploitation de l'indigène, après avoir été déshonorant, deviendra fatal.

La seule chance de conquérir l'Annamite est de le considérer comme l'égal du blanc, ce qu'il est en effet, et de doter ce pays d'un régime autarchique auquel donnent droit les facultés intellectuelles et morales des habitants. Quand les indigènes défendront *leur pays*, et non notre domination tyrannique, ils le défendront contre qui que ce soit. Ce qu'il ne faut à aucun prix, c'est que Japonais ou Chinois puissent se poser en libérateurs, ce qu'ils feraient aujourd'hui avec toute raison et toute justice.

Imprimerie Ducros, Brise et Lombard. — Valence

# OUVRAGES DU MÊME AUTEUR

La Conquête de l'Océan. 1 vol. in-12 . . . . . . . . . 3 »
Un Coup de sonde dans l'Océan des Mystères. 1 vol. in-12 . . 2 »
Tutelle et Autarchie. 1 vol. in-12 . . . . . . . . . 2 »
L'Europe-Unie. 1 vol. in-12 . . . . . . . . . . . 2 »
Croix et Croissant. 1 vol. in-12 . . . . . . . . . . 2 »
Recherche d'Idéal. 1 vol. in-12 . . . . . . . . . . 2 »
Extension, Expansion. 1 vol. in-12 . . . . . . . . . 2 »
Propos d'Autarchiste. 1 vol. in-12 . . . . . . . . . 2 »
Christianisme et Autarchie. 1 vol. in-12 . . . . . . . 2 »
Sur le Pont. 1 vol. in-12 . . . . . . . . . . . . 2 »
Méditations d'un Autarchiste. 1 vol. in-12 . . . . . . 2 »
Mégalithisme . . . . . . . . . . . . . . . . . 2

    (BERGER-LEVRAULT ET Cⁱᵉ, éditeurs).

Gaules et Gaulois. 1 vol. in-16 . . . . . . . . . . 1 »
Énigmes de la Nature. 1 vol. in-16 . . . . . . . . . 1 »
À travers l'Inconnaissable. 1 vol. in-16 . . . . . . . 1 »
Graines au Vent. 1 vol. in-16 . . . . . . . . . . . 1 »
La Voix des Pierres. 1 vol. in-18 . . . . . . . . . . 1 »
Germes et Embryons. 1 vol. in-18 . . . . . . . . . 1 »
Réflexions diverses. 1 vol. in-18 . . . . . . . . . . 1 »
Le Haut-Mékong. 1 vol. in-8° . . . . . . . . . . . 2 »
Cochinchine et Cambodge. 1 vol. in-12 . . . . . . . 3 50
Autour du Monde. 1 vol. in-12 . . . . . . . . . . 3 50
Contre Vent et Marée. 1 vol. in-12 . . . . . . . . . 3 50
Lettres d'un Marin. 1 vol. in-12 . . . . . . . . . . 3 50
Les Trois Caps. 1 vol. in-12 . . . . . . . . . . . 3 50
En Mer. 1 vol. in-12 . . . . . . . . . . . . . . 1 »
Récits et Nouvelles. 1 vol. in-12 . . . . . . . . . . 1 »
Mers de l'Inde. 1 vol. in-12 . . . . . . . . . . . 2 »
Mers de Chine. 1 vol. in-12 . . . . . . . . . . . 2 50
Un Jour à Monaco. 1 vol. in-18 . . . . . . . . . . 1 »
A Barcelone. 1 vol. in-18 . . . . . . . . . . . . 1 »
Christianisme Autarchique. 1 vol. in-12 . . . . . . . 2 »
Contre l'Étatisme (Autarchie). 1 vol. in-12 . . . . . . 2 »
Autarchie politique. 1 vol. in-12 . . . . . . . . . . 2 »
Les Trois auto. 1 vol. in-12 . . . . . . . . . . . . 2 »
Carnet d'Autarchiste. 1 vol. in-12 . . . . . . . . . 2 »
Memento Autarchiste. 1 vol. in-12 . . . . . . . . . 2 »
Ferments et Levains (Autarchie). 1 vol. in-12 . . . . . 2 »
Semences. 1 vol. in-12 . . . . . . . . . . . . . 2 »
Lueurs d'Aube (Autarchie). 1 vol. in-12 . . . . . . . 2 »
Rayons d'Aurore (Autarchie). 1 vol. in-12 . . . . . . 2 »
Poussées Nouvelles (Autarchie). 1 vol. in-12 . . . . . 2 »
Européanisant (Autarchie). 1 vol. in-12 . . . . . . . 2 »
Au dedans et au dehors (Autarchie). 1 vol. in-12 . . . . 2 »

    (FISCHBACHER, éditeur).